As Pedras Preciosas e os Sete Raios

C. Nelson Stewart, M.A.

As Pedras Preciosas e os Sete Raios

Tradução
Dalton Medeiros de Alencar

Editora Pensamento
São Paulo

Título do original
Gem-Stones of the Seven Rays

Edição
1-2-3-4-5-6-7-8-9-10

Ano
93-94-95-96-97-98

EDITORA PENSAMENTO LTDA
Rua Dr. Mário Vicente, 374 — 04270-000 — São Paulo, SP — Fone: 272-1399

Impresso em nossas oficinas gráficas.

Freqüentemente, nos seres inferiores habita um deus oculto;
E, qual Olho nascente coberto pelas pálpebras,
Um Espírito puro cresce sob a superfície tosca das pedras.

Gerard de Nerval

Sumário

Prefácio

A doutrina que afirma que um dos Sete Raios vitais, ou sete tipos de força, reside em todas as formas de vida, pode ser claramente identificada nos escritos de Cornélio Agripa, e também apresenta grande semelhança com a concepção astrológica dos regentes planetários. Em estudos teosóficos modernos, encontramos essa mesma idéia básica um pouco mais desenvolvida, particularmente no que diz respeito aos seres humanos; de modo que, se um médico nos pode assegurar que nosso corpo é de um ou de outro dos quatro tipos sangüíneos, da mesma maneira pode um ocultista nos asseverar que o espírito que se manifesta no nosso corpo pertence a um ou a outro dos sete tipos de raios.

Para o cerimonialista e estudante de magia, as pedras preciosas são particularmente valiosas enquanto medidoras de ondas que transmitem qualidades psíquicas especializadas; este pequeno livro reúne cerca de quarenta e sete espécies minerais e suas variedades, compreendidas pelos Sete Raios. São fornecidas as principais características físicas de cada pedra e, na maioria dos casos, foram acrescentadas notas históricas ou etnológicas relativas à qualidade do Raio da pedra. Os capítulos preliminares reúnem enunciados teosóficos modernos referentes ao Reino Mineral.

1

Os Cristais

Há mais de trinta anos, um dedicado artífice de pedras preciosas escreveu: "Presumo que existam espíritos nas pedras — demônios coloridos que nos hipnotizam. Tenha para com eles o devido respeito e eles falarão a você e começarão a se mover, piscar, gesticular e até, porventura, sair das pedras; portanto, tenha a certeza de tê-los sempre exorcizado de volta para o seu interior. Toda jóia engastada possui, necessariamente, sua trama de cores e deve ser tratada com a mesma atenção que um pintor dispensaria à sua tela." Ele, é claro, estava escrevendo de modo um tanto extravagante, mas há algo da intuição do verdadeiro artista em seus escritos. O brilho, a cor e as formas simétricas cristalinas das pedras preciosas sugeriram ao homem, em todas as épocas, a idéia de que algum tipo de vida habita no seu interior, a idéia de que "pedras preciosas são flores que crescem sob a terra".

Quando nos voltamos para os fatos físicos, entretanto, constatamos que não temos motivo para que nos precipitemos à conclusão fácil de que cristais são coisas "vivas". Muitos cristais, na verdade, parecem crescer na solução concentrada de sua própria substância. A aparência geral e as proporções relativas entre as partes permanecem as mesmas, à medida que o volume vai aumentando. Mas isto também é verdadeiro em relação a um monte de lixo ou a uma duna de areia, onde observamos partículas assentando-se num estado de equilíbrio entre a gravidade e o atrito. No cristal — forma característica do reino mineral — verificamos um estado de concordância, por assim dizer, na presença de forças moleculares. No organismo vivo, por outro lado, não há nenhum equilíbrio estático como objetivo: em vez disso, ele acumula constantemente energia. Podemos descrever, com propriedade, os cristais como sendo formados por uma grande quantidade de pequenos ímãs, cuja forma e número de pólos varia conforme a substância do mineral. Destarte, podemos encontrar um cristal com unidades ou moléculas bipolares, outros com três, seis ou oito pólos, e as moléculas sempre apresentam os pólos positivo e negativo, entrelaçados da mesma forma que os pólos norte e sul de dois ímãs ligados um ao outro. Obviamente, possuímos tipos diferentes de estruturas nas substâncias minerais assim constituídas, que variam conforme a formação ou com o padrão específico das moléculas químicas e dos átomos usados.

Chegamos, então, a uma importante verdade da mineralogia, a saber: aquilo que caracteriza a estrutura de um cristal não são as faces geométricas que divisamos a olho nu, mas a disposição regular dos átomos químicos, ultramicroscópicos, que compõem este tipo de substância. Um mineral pode apresentar a estrutura de um cristal e, por outro lado, ter aparência bastante diferente. Observe atentamente um pedaço de granito e você verificará que o quartzo cristalino em estado bruto encontra-se irregularmente distribuído pela rocha. A mica cintilante e o feldspato cinzento ou rosado apresentam claros indícios de formação cristalina, por ter se apropriado primeiramente dos espaços principais durante o resfriamento da rocha derretida ou "magma". O quartzo, tendo esfriado por último, teve de se contentar com as inúmeras e irregulares cavidades e fendas ramificadas deixadas pelos outros; no entanto, é cristalino na sua estrutura.

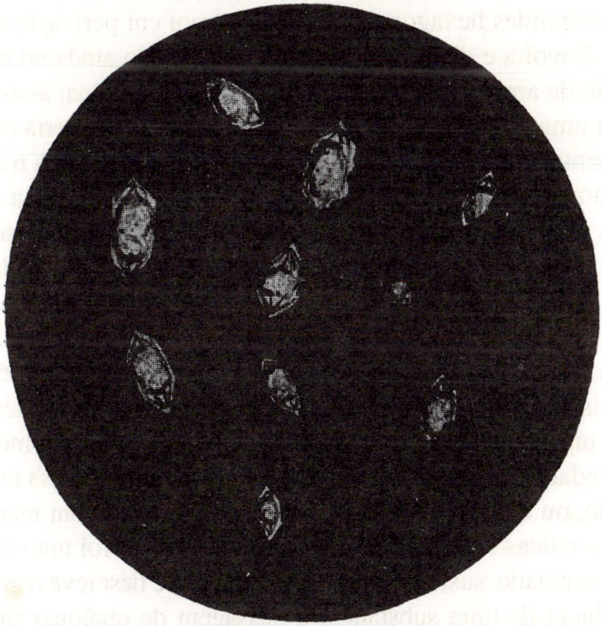

Fig. 1

Encontramos um belo e impressionante exemplo desse mesmo fato num famoso arenito inglês — o arenito de Penrith. Os grãos de quartzo desse arenito foram polidos e arredondados em eras remotas, posteriormente prensados em rocha, enquanto a água contendo sílica (que é quartzo) se infiltrava por essa massa em certa época.

Se rasparmos um grão ou dois e os examinarmos em um microscópio de pouco alcance, verificaremos que algo maravilhoso aconteceu. Cada grão arredondado acumulou ao seu redor sílica proveniente da água, formando, assim, um minúsculo cristal que tem a si próprio como núcleo. Podemos distinguir o rude contorno esférico do grão de areia original, um pouco sujo, e ao redor dele o contorno cristalino do novo quartzo transparente. As duas pirâmides hexagonais aí se encontram em perfeição minuciosa. Envolta e disfarçada, mas permanecendo ainda no estado de grão de areia, cada partícula se manteve cristalina; assim que surgiu uma oportunidade, elas se completaram. Há certa excitação mental quando refletimos acerca dessa antiga massa rochosa de grãos de quartzo que atingiu a perfeição em todas as suas partes individuais depois de incontáveis eras; o corpo desmembrado de Osíris encontra-se novamente completo em cada minúscula partícula.

A cristalinidade é, pois, uma questão de estrutura, não de forma. A definição de cristal, fornecida por Maskelyne, é a de "um sistema de moléculas simetricamente dispostas, pertencentes a uma substância individual, que apresentam as mesmas propriedades ao longo de todas as linhas paralelas a essa mesma direção, ou a direções semelhantemente dispostas com relação a características simetricamente repetidas". Groth foi mais adiante: elasticidade, sustentou ele, é um termo que descreve o grau de resistência de uma substância à passagem de qualquer tipo de energia física — luz, calor, eletricidade, magnetismo, e assim por diante; e definiu o cristal como sendo um corpo de igual elasticidade em direções paralelas, porém, distinta em direções diferentes.

Nos cristais, conforme se verá, a simetria não é o mesmo que simetria geométrica. Na simetria geométrica, dispomos de um objeto que podemos dividir ao meio, em três ou em quatro partes, ou em frações ainda menores, que serão idênticas na medida e na relação entre as suas partes. Os planos de simetria, ao longo dos quais determinado cristal pode ser dividido, não fornecem, necessariamente, partes iguais; mas o relacionamento entre as faces (os ângulos) e as propriedades (dureza, condutividade do calor, brilho, etc.) dessas faces, que são idênticas nas partes relacionadas simetricamente. Aqui, novamente, é a microestrutura que constitui a base integral das propriedades do cristal.

À guisa de exemplificação, pode ser útil imaginar uma tora de madeira. Seja qual for o modo como a cortemos — longitudinal ou transversalmente —, as possibilidades fundamentais da madeira continuam. Ou, então, tomemos um batalhão de soldados alinhados com base no princípio dos quatro quadrantes. Podemos remover um canto do quadrado, ou cortá-lo de modo a obter um triângulo ou qualquer outra forma irregular, mas cada homem treinado seguirá ocupando uma posição que jamais será vinculada ao novo contorno, mas apenas ao quadrado original; e a qualquer ordem, seus movimentos serão calculados independentemente do novo contorno do bloco. Poderíamos dizer, neste caso, que os movimentos são determinados por duas linhas em ângulo reto — dois "eixos retangulares".

O estudo científico da estrutura dos cristais nos forneceu os Sete Sistemas Cristalinos, subdivididos, por sua vez, em conformidade com seu grau de totalidade de simetrias, em trinta e duas classes. Sem entrar muito em detalhes, que podem ser obtidos em qualquer livro de cristalografia, podemos enunciá-los sucintamente numa série que vai dos tipos simétricos aos mais perfeitos.

Os sistemas dos sete cristais

1. *Triclínico:*	Três eixos desiguais (a: b: c:) inclinados diferentemente de 90º, 60º, 45º, 30º.
2. *Monoclínico:*	Três eixos desiguais (a: b: c:); dois inclinados, mas b perpendicular aos outros dois.
3. *Rômbico:*	Três eixos desiguais, mas retangulares (a: b: c:).
4. *Tetragonal:*	Três eixos retangulares, dois eixos iguais, mas o eixo vertical diferente (a: a: c:).
5. *Trigonal:*	Três eixos iguais e com a mesma inclinação (a: a: a:).
6. *Hexagonal:*	Três eixos iguais dispostos sobre um mesmo plano e com inclinação de 60º entre si, e um quarto eixo, o eixo vertical, perpendicular a eles e desigual. Este último é um eixo hexagonal de simetria (a: a: a: c:).
7. *Cúbico:*	Três eixos retangulares iguais (a: a: a:).

É preciso salientar aqui o importante avanço moderno no estudo da estrutura dos cristais por meio do uso de raios X. O método foi descoberto por Laue em 1912, mas as honras principais devem-se a sir William L. Bragg pelo subseqüente desenvolvimento desse método. Fazendo uma analogia grosseira, poderíamos dizer que o comprimento excessivamente curto de uma onda das radiações de um tubo de raios X, em comparação com o comprimento das ondas luminosas visíveis, permite que os raios X penetrem na rede do cristal em profundidades variável, anteriormente à refração da molécula, como se ervilhas de borracha (raios X), em contraposição a bolas de tênis (luz), fossem sucessivamente enviadas de encontro a uma rede de tênis esticada. Utilizando uma fina faixa de raios X de comprimento conhecido — obtidos pela introdução do tubo numa caixa com um orifício — e projetando-os na superfície de um cristal, pode-se detectar o ângulo e a intensidade de suas várias refrações devido ao efeito elétrico (ionizante) mensurável em gases como o dióxido de enxofre ou o brometo de metila. A partir daí, é possível fazer cálculos de dados que forneçam a disposição espacial das moléculas que compõem o cristal.

* * *

Até aqui, ao tentar sublinhar algumas das características desse reino da natureza, talvez tenhamos dado ênfase ao ponto de vista de que os cristais não são vivos. Estaríamos, entretanto, em total desacordo com o propósito geral do nosso estudo se encerrássemos este capítulo sem nos aprofundarmos um pouco mais nesse aspecto.

O filósofo ocultista nota que tanto o materialista como o vitalista estão certos sobre até onde podem chegar. Ele divisa apenas uma vida como ponto de origem e "substância", trina, porém, em relação ao tempo e ao modo de movimento — autoconsciente, formadora da matéria e construtora da forma. O vitalista recolhe evidências da presença do tipo que constrói a forma; corretamente, ele sente, mais do que demonstra, que o todo é de algum modo mais amplo que a soma de suas partes celulares, com toda a sua química e física complexas.

O professor Schafer, em seu famoso discurso à Associação Britânica,[1] declarou que os problemas da vida são problemas da matéria: "Quanto mais estudamos as manifestações de vida,

1. "Da Natureza, Origem e Manutenção da Vida", 1912.

mais nos convencemos da veracidade dessa asserção e menos nos dispomos, para explicar essas manifestações, a apelar para a ajuda de formas de energia especiais ou desconhecidas." Ele precisou que todos ou quase todos os movimentos e reações dos seres vivos simples podem ser imitados por meio de tensões de superfície adequadamente preparadas — osmose, colóides, e assim por diante; chamou também a atenção para o fato de que os cristais apresentam exemplos de crescimento e de reprodução, possuindo ainda, na maior parte dos casos, um limite de crescimento, tal qual os organismos vivos. A divisão celular ou cariocinese pode ser imitada através de uma solução de cloreto de sódio contendo em suspensão partículas de carbono "que se agrupam e se reagrupam sob a influência do movimento de eletrólitos, de maneira não diferente da adotada pelas partículas de cromatina em um núcleo em divisão". Ele sustenta que a evolução é universal, mesmo nos elementos químicos.

O professor contenta-se em principiar pela matéria, mas o filósofo não. Ouçamos Schopenhauer:

> A tendência à gravitação em uma pedra é tão inexplicável quanto o pensamento no cérebro humano. Se a matéria — sem que ninguém saiba por quê — pode cair ao solo, então ela também pode — sem que ninguém saiba por quê — pensar... Tão logo, até mesmo na matemática, ultrapassamos o limite do puramente matemático assim que atingimos o inescrutável, aderência, gravidade e assim por diante, deparamo-nos com fenômenos tão misteriosos para os nossos sentidos quanto a vontade e o pensamento humanos... Se considerarmos que existe no interior da forma humana algum tipo de espírito, então seremos obrigados a admitir o mesmo à pedra. Se a nossa matéria, morta, completamente passiva, pode manifestar uma tendência com relação à gravitação, ou, como a eletricidade, atrair, repelir e lançar centelhas — então, da mesma forma que o cérebro, ela também pode pensar. Em resumo, todas as partículas do assim denominado espírito nós podemos substituir por um equivalente de matéria, e todas as partículas de matéria podem ser substituídas por espírito... Assim, não é a divisão cartesiana das coisas em matéria e espírito que se mostra filosoficamente exata, mas a que se dá entre

vontade e manifestação, cujo caráter de divisão nada tem que ver com a anterior, por espiritualizar todas as coisas: tudo o que se apresentar em primeira instância como real e objetivo — corpo e matéria — será transformado em representação, bem como toda manifestação será transformada em vontade.

Madame Blavatsky definiu a posição ocultista em termos claros, ao escrever, em 1887:

> A Ciência Química pode afirmar que não existe diferença entre a matéria que compõe um boi e a que forma o homem. Entretanto, a Doutrina Ocultista é muito mais clara. Ela diz: Não somente os compostos químicos são os mesmos, como também as infinitesimais, invisíveis Vidas que compõem os átomos do corpo de uma montanha, de uma margarida, de um homem, de uma formiga, de um elefante e da árvore que abriga do sol são as mesmas. Cada partícula — quer orgânica, quer inorgância — é uma vida.

Precisamos advertir o leitor que ela não afirma que a consciência de um homem, de uma formiga ou de uma margarida seja de modo algum a soma de todas essas vidas infinitesimais: essa idéia está mais próxima da concepção do professor Schafer, se transformarmos as diminutas unidades em células, em vez de átomos. O que ela afirma é a identidade do pulsar da vida por trás da matéria enquanto matéria. O que o ocultismo tem a dizer em relação ao desenvolvimento do pulsar da vida no reino mineral será visto por nós no próximo capítulo.[2]

---

2. *The Secret Doctrine,* 1893 Edn. I, 281 Adyar Edn. I, 305. [*A Doutrina Secreta,* VI vols., Editora Pensamento, São Paulo, 1980.]

2

Mineralogia Ocultista

"De três tipos são os seres: animados, verdes ou vegetais (como as plantas), e imóveis (como as pedras e os metais)", enunciou o hebraísta Kimshi no século XII.[1] O próprio sir Thomas Browne, com palavras de inimitável riqueza, reivindicou para os minerais uma humilde forma dè vida. Ele diz:

> Embora Moisés não tenha feito nenhuma menção sobre os minerais, nem qualquer descrição conveniente deles no decorrer da criação visível e aparente, subsiste, sem dúvida, na Terra, uma ampla classe de criaturas situadas acima da condição de elementaridade. E, enquanto não dotadas de uma distinta e inquestionável forma de vida, ou que corresponda em todos os pontos às propriedades e características das plantas, contêm, similarmente às constituições descendentes inferiores últimas, distinções específicas que são determinadas pela embrionalidade, ou seja, por meio de sementes criadas e com características próprias, depositadas sobre a terra desde o princípio. Disso se conclui que, embora não satisfaçam plenamente os requisitos que determinam a condição de animação, os minerais têm afinidades com ela.

1."*Entia triplicia sunt, animatum, virescens (vegetabile, ut plantae) et silens (ut lapides et metalla)*", Com, sobre Jer., X, 8. David Kimchi (1160-1235), gramático e comentarista judeu que viveu em Narbona, no sul da França, e escreveu um dicionário e uma gramática, usados por todos os subseqüentes escritores.

A filosofia ocultista hodierna situa o reino mineral dentro dos vastos domínios do esquema evolucionário, e não apenas confere a ele uma vida interior latente, como também relata os estágios anteriores da vida adormecida nos minerais do nosso planeta específico, e prognostica o seu futuro. Os materialistas convictos, como o professor Schafer, não estão muito afastados da verdade em sua idéia da vida como algo que gradualmente aprimora a sua expressão, desde o átomo até o mineral, do mineral às bactérias ultramicroscópicas, e daí às bactérias visíveis e organismos unicelulares, ascendendo progressivamente na poderosa escala da evolução. Porém, sua escala de tempo encontra-se grotescamente distorcida, e muitas de suas inferências são enganosas. O que hoje é consciência, no homem, pode ter sido num passado inconcebivelmente remoto um dos primitivos apetites e contrações de uma célula inferior ou um dos erráticos estremecimentos de uma forma mineral, sem ser, todavia, a somatória das células do corpo que agora preside, e sem que isto que hoje em nós diz "Eu" tenha jamais passado pelo estágio de animal, de planta ou de pedra. Os artifícios de que dispomos para responder a estímulos do mundo exterior são verdadeiramente a herança de uma longa evolução, mas nós, isto é, o nosso "Eu" ou ego, absorveu essa herança como ser humano à parte desse processo de desenvolvimento.

Deve-se compreender que, dentro dos limites de um breve capítulo como este, torna-se praticamente impossível fazer referência àquelas partes do plano ocultista de evolução que não se encontram diretamente ligadas ao nosso assunto. Seria necessário, para entender essas partes de maneira satisfatória, uma leitura suplementar, como se, ao escrever um estudo detalhado, por assim dizer, do elemento químico Boro, presumíssemos que o leitor já estivesse bem familiarizado com a classificação periódica dos elementos e seus grupos e afinidades.

A grande unidade é um sistema solar: um sol que proporciona vida, com planetas que o sustentam e que giram ao seu redor. Malgrado a opinião científica do momento, o ocultista assevera que um sol ultrapassa de muito, em duração, um grupo de planetas. É verdade que existem "planos" de evolução, ou seja, áreas definidas nas quais um trabalho especial de evolução é executado dentro de um certo ordenamento histórico, que vai de um planeta mais antigo a um novo. Novamente, voltamos à idéia, comum na leitura de ficção, de planetas invisíveis vinculados a cada um desses planos, nos quais tanto os trabalhos preliminares como os de acabamento são levados a cabo em materiais incalculavelmente mais sensíveis que a matéria física.

Deve haver, naturalmente, desde as etapas preliminares, Vontade e Vida inerente aos átomos, mas a vida que luta por ascender através das miríades de formas manifesta-se em grandes pulsos ou ondas em intervalos de tempo bastante longos. Ela inicialmente habita mundos invisíveis, onde a forma a duras penas consegue prendê-la, e, em seu anseio por um contato claro, definido como algo exterior, ela abre lentamente seu caminho em direção a formas mais densas de matéria, atravessando os "três reinos elementais" com suas formas protoarquetípicas. A próxima etapa a introduz no mundo físico, onde ela se torna atada de pés e mãos a minerais vagamente sensíveis a impactos físicos violentos, por fogo e por eletricidade. Terremotos e vulcões, água e vapor, e mesmo o homem, munido de esmeril, martelo e outros utensílios, todos desempenham um papel importante no envio de vibrações à vida latente no interior desses minerais, de modo que, no decorrer das eras, nela nasce a vaga noção da existência de um "lá fora"; ela se classifica no próximo ciclo como uma humilde forma de vida vegetal.

Tudo isso não ocorreria sem a ajuda de inteligências outras que não a Mente Suprema. Como existem e existiram outros sistemas solares, isso não constitui dificuldade para os assistentes, nem mesmo no princípio, e o mesmo se aplica aos esquemas de evolução planetária. Tendo já declarado nossa descrença quanto à questão da astronomia, podemos, com satisfação, prosseguir na afirmação de que a luz é predecessora da terra — na verdade, é geralmente desta forma que as luas são entregues a planetas novos: elas são o corpo do ancestral —

Prajâpati

És Tu e é a Ti
Que se ajoelharam, venerando, a distante luz do velho mundo,
Os primeiros mortais.

Nosso reino mineral, isto é, a vida que agora se expressa através dele, foi o terceiro reino elemental da lua. Então, segundo o nosso ponto de vista, ele não existia de fato por ser astral a sua matéria. Nossa matéria elemental atual correspondente é vista pelos clarividentes como matéria fluídica, convertida em forma e posta em movimento pelo desejo e pela emoção. A psicanálise involuntariamente nos revelou uma secção da fauna desta região, e reafirmou, essencialmente, a descrição elaborada por Paracelso de coisas vivas criadas por desejos duradouros e paixões reprimidas.

Reportando-nos ao que já foi dito, os pulsos ou ondas vitais que se sucedem serão posteriormente recoletadas; elas ocorrem por meio de um plano de evolução semelhante à ordenadora onda de pressão proveniente de um grande coração. Existem sete desses pulsos em deslocamento paralelo sobre a Terra, e o mais antigo é naturalmente aquele para o qual, como consciências humanas, somos transportados. Em acréscimo, encontraremos o reino animal, o vegetal e o mineral e os três reinos elementais.

Depois do período de repouso que sucedeu à evolução lunar, iniciou-se para o nosso sistema o trabalho preliminar. O sistema em que a Terra se encontra, incluídos os centros invisíveis no espaço, possui sete "globos", tecnicamente designados por letras de A a G; cabe à Terra a letra D, no centro da cadeia. Seres provenientes da evolução lunar, lavrados nos moldes invisíveis das formas de evolução futura, estabelecem linhas de forças e eixos, ideando arquétipos. Essa época é conhecida como a Primeira Ronda. Existiram outros períodos de atividade, com intervalos de repouso entre si; agora estamos na Quarta Ronda.

Interessa-nos particularmente a Primeira Ronda, pois neste desenvolvimento progressivo, de globo em globo, quando "o sétimo globo é atingido... o reino germinal mineral encontra-se totalmente formado, embora apenas em formas diáfanas peliculares, e não minerais, como as conhecemos... entretanto, sempre na forma de massas gasosas luminescentes; tudo o que existe atualmente no reino mineral pode ser encontrado no último Globo desta Primeira Ronda".

> Podemos simplificar sua tarefa dizendo que no Globo A são fornecidas sete formas arquetípicas por reino; no Globo B, multiplicam-se as formas que contêm o essencial de cada arquétipo; no Globo C, essas formas são densificadas; no Globo D, elas tomam forma em matéria ainda mais densa; no Globo E, tornam-se mais complexas e levemente refinadas; no Globo F, revestem-se de matéria fina; no Globo G, finalmente, são aperfeiçoadas. Este é o método para todas as Rondas.[2]

Do ponto de vista do investigador psíquico, o pulso vital que subsiste ao reino mineral, como explica Leadbeater, começa a ascender segundo a sua capacidade de visão, até atingir o grau de penetração do Adepto que percebe "que a força que ingressa e opera através de todos estes véus sucessivos vem, na realidade,

---

2. Besant, *The Pedigree of Man*, p. 58ss.

de fora deste plano cósmico-prakrîtico como um todo e é, simplesmente, uma das manifestações da Força Divina".[3]

O tópico apresenta complexidade para o estudante de ocultismo devido às evoluções paralelas que mencionamos. O leigo conseguirá apreender o sentido da citação se tiver em mente que o que temos designado por pulso vital é, aqui, denominado essência monádica:

> Devemos ter em mente que a essência monádica, num dos estágios de sua evolução em direção à humanidade, manifesta-se através do reino elemental, ao passo que, já em estágio posterior, manifesta-se através do reino mineral; mas nem o fato de dois corpos de essência monádica, nesses diferentes estágios, estarem em manifestação num mesmo momento, nem o de uma destas manifestações (o elemental da terra) ocupar o mesmo espaço e habitar o outro (digamos, uma rocha) de modo algum interfere na evolução de um ou de outro, tampouco implica a existência de qualquer relação entre os corpos de essência monádica que jazem no interior de ambos. A rocha também se encontra permeada por sua variedade, apropriada do princípio vital onipresente, mas isso é totalmente diferente de qualquer uma das essências acima mencionadas.[4]

Poderíamos, agora, perguntar-nos o que a ciência oculta tem a dizer em relação às supostas virtudes das pedras preciosas, cujo surpreendente e variado catálogo, encontrado em escritos antigos, levou sir Thomas Browne a queixar-se de que "precisaria ter mais cabeças que as colinas de Roma para conhecer a metade das virtudes atribuídas a elas; e não apenas seu valor medicinal, mas também suas propriedades mágicas". Aprendemos que certas pedras preciosas, à semelhança de certos tipos de madeiras e resinas utilizadas como incenso, possuem uma vibra-

---

3. *The Devachanic Plane,* p. 90. O subplano atômico é o portador em todos os níveis.

4. *The Astral Plane,* p. 75 [*O Plano Astral,* Editora Pensamento, São Paulo, 1976.]

ção em correspondência natural com a freqüência vibratória de algumas emoções fortes. Carregá-las consigo é como possuir um pequenino diapasão que emita, continuamente, uma nota musical pura. "Uma pedra, cujas partículas se deslocam naturalmente no plano físico, em chave idêntica no seu nível à chave da pureza nos níveis elevados; por si, apenas, mesmo sem magnetização, age como obstáculo aos pensamentos e sentimentos impuros, graças a seus tons harmônicos; e, além disso, pode ser prontamente carregada, astral ou mentalmente, com ondulações de pensamento e sentimento puros, colocados dentro dessa mesma chave de harmonia."

> A jóia representa o que há de mais desenvolvido dentro do reino mineral; conseqüentemente, seu poder de receber e reter impressões é muito maior que o de qualquer outro objeto. As gemas gnósticas, usadas em cerimônias de iniciação há dois mil anos, ainda continuam sendo vigorosos centros de irradiação de influência magnética, como pode ser visto e percebido por qualquer sensitivo que se proponha a examinar algumas delas no Museu Britânico.[5]

Retornaremos a este tópico do uso ocultista das pedras preciosas no próximo capítulo.

Existe um outro fato digno de menção, que foi revelado por sutis pesquisas: muitas pedras preciosas possuem átomos permanentes vinculados a elas. Átomo permanente é um átomo especial unido a um pequeno conglomerado de vida divina que um dia se tornará espírito no homem. Ele está em todo corpo humano — um átomo físico que esteve em cada um dos corpos utilizados como veículos pelo "eu imortal" que se reencarna. E ao nosso redor, entre as várias formas vivas da natureza, encontra-se disseminado um grande número desses átomos especiais,

---

5. *The Hidden Side of Thinks*, pp. 404, 413. [*O Lado Oculto das Coisas*, Editora Pensamento, São Paulo, 1977.]

cada um com uma latente vida divina buscando uma ponte para se manifestar nos mundos da matéria densa; todos eles estão destinados, em algum ciclo futuro, a ser o plano físico do núcleo de um ser humano. Este é, indubitavelmente, o segredo que está por trás da antiga idéia judaica do osso denominado "Luz" — o misterioso ossinho indestrutível localizado em alguma parte do corpo; diz-se mesmo que ele teria sido produzido diante de um personagem real e que sua indestrutibilidade foi demonstrada tanto pelo martelo e pela bigorna como pelo fogo. Alguns localizam-nos no cóccix, outros nas vértebras superiores, outros ainda no cérebro, nos ossos wormianos.

A doutora Besant diz:

> Encontramos átomos permanentes espalhados pelos reinos mineral e vegetal, mas somos incapazes de penetrar as leis que governam sua distribuição. Átomos permanentes podem ser encontrados em pérolas, rubis ou diamantes; muitos podem ser encontrados dispersos em veios de minério bruto, e assim por diante. Por outro lado, muitos minerais parecem não conter quaisquer deles.[6]

Especula-se também se a aura de personalidade que se forma ao redor de jóias famosas e com longa história se deve à presença de um átomo permanente em sua constituição; tal associação atrairia a elas uma variada colheita de experiências vibracionais, sobretudo quando usadas em cerimônias.

Não estamos levando em consideração o desenvolvimento da Alma Grupal mineral. Este é um assunto excessivamente técnico, e seria imprudente tentar condensá-lo nestas páginas: para quem se deparasse com o tema pela primeira vez isso soaria como mero jargão técnico. Basta nos referir à obra *Um Estudo*

---

6. *A Study in Consciousness*, p. 12, que providencia mais explicações sobre o átomo permanente. [*Um Estudo Sobre a Consciência*, Editora Pensamento, São Paulo, 1988.]

Sobre a Consciência para uma primorosa descrição, e extrair daí, por sua utilidade ao estudante, a idéia de que, no caso da Alma Grupal mineral, o invólucro mais inferior é composto de matéria atômica física ou etérea. Vejamos:

As leis do espaço — exceto a da especialização de conteúdo na Alma Grupal, que são as tríades permanentes — podem levar a uma divisão desse mesmo conteúdo. Destarte, um veio de ouro na Austrália pode induzir à mineralização, no seu interior, de muitas tríades num único invólucro, ao passo que o estabelecimento de outro veio num local distante, por exemplo, nas Montanhas rochosas, pode levar a uma divisão desse invólucro e à transferência para a América de parte de seu conteúdo em seu próprio invólucro.[7]

7. *A Study in Consciousness*, pp. 116-17.

3

Os Sete Raios

Sempre que o filósofo ocultista tem de lidar com uma parte do mundo objetivo, ele se encontra na posição de um viajante que, no seu regresso de um país longínquo, tenta comunicar sua experiência. De saída, sua capacidade de explicação encontra-se limitada pelo campo de compreensão dos ouvintes, que só são capazes de acompanhá-lo até onde sua própria experiência lhes forneça analogias e idéias afins. Em relação a, digamos, o reino mineral, a visão do ocultista difere da de qualquer outro tipo de pensador, pois ele não se mostra preocupado unicamente, nem mesmo principalmente, com detalhes e características físicos. O astrônomo talvez seja o único dentre os estudiosos das coisas visíveis que se aproxime do ocultista em senso de proporção e alcance de pensamento. Ele traz sempre na mente a Unidade viva por trás da diversidade, o Emanador dos seres ao longo da escada de Jacó, que é o Seu Universo; tampouco consegue o ocultista considerar o presente sem levar em conta o passado que a ele conduziu e o futuro que nele se amolda. Ele é herdeiro de uma tradição da mais ilustre antiguidade, imortal como o próprio plasma germinal, quiçá mutável em sua forma exterior, mas que vive e se expande na plenitude do conhecimento; ele é, além disso, um investigador prático e um observador — até onde seu poder de compreensão o transporte das forças e da estrutura das regiões suprafísicas. Sem a intenção de depreciar ou desmerecer o grande trabalho da ciência física, o ocultista consegue usá-lo e aceitá-lo, adicionando-lhe fatores desconhecidos que, no mínimo, solucionam os problemas gerais.

O geólogo, em sua classificação mais rudimentar, pode agrupar as rochas da terra segundo sua origem em ígneas, sedimentares e metamórficas; mas o ocultista está mais interessado em relacioná-las representando as qualidades do primeiro, do segundo e do terceiro Logos — as três Pessoas da Trindade. A divisão que mais importa para os homens é a que vamos considerar agora — isto é, aquela em conformidade com os Sete Raios, pois é uma divisão que coloca cada homem em relação com os setores do mundo que se manifestam abaixo e acima dele.

Não precisamos enfatizar que a concepção dos Sete Reagentes sob a Trindade é antiga e amplamente difundida. No Hinduísmo, "Sete são os grandes Deuses sob a Trimúrti. Apenas cinco operam e dois ficam ocultos. Eles são Indra, Vayu, Ágni, Varuna, Kshíti." No *Livro de Tobit*, Rafael[1] declara: "Eu sou Rafael, um dos sete anjos sagrados, que apresentam as orações dos santos e precedem e acompanham a glória do Senhor." Eles são os sete regentes planetários dos astrólogos medievais que dirigem as evoluções dos esquemas planetários que levam seus nomes. Mas é melhor concentrar-se na idéia de que cada um deles possui uma parte do Seu campo de consciência disseminada por toda a parte através do sistema solar; onde quer que encontremos um tipo específico de movimento, uma certa coloração, um ideal particular, dentro da unidade viva entre os seus componentes, encontra-se o Seu departamento. Trata-se de uma questão de função, e não de localização espacial. Uma compara-

1. XII, 15.

ção um tanto sumária e tosca pode ser encontrada no todo organizado representado por uma comunidade civilizada; nela temos eventos, atos, processos, pessoas, materiais e métodos que podem ser classificados de legais, médicos, religiosos, artísticos, comerciais, e assim por diante. Um indivíduo que se encontra essencialmente voltado para a administração da lei na comunidade é um sujeito potencial para a medicina, para o comércio ou para a religião, mas dificilmente construirá a sua própria casa.

Dessa forma, em cada uma dessas divisões radiais — os Sete Raios da Luz Una — encontramos membros de todos os reinos da natureza, visível e invisível, embora com detalhes de estrutura que indiquem participação da energia de um outro Raio. Cada um dos pulsos vitais ou ondas evolucionárias discutidos no último capítulo contém todos os sete tipos.

O cabalista alemão Cornélio Agripa (1486-1535) expressou esta doutrina dos Raios numa passagem desenvolvida de maneira curiosa:

> Faz parte da faixa de continuidade da natureza que toda virtude superior flua através das inferiores, por meio de uma longa e contínua série, dirigindo seus raios para até mesmo a mais ínfima das coisas; e as inferiores, por meio das que lhes são superiores, atingem a supremacia plena. Pois, como as inferiores estão sucessivamente ligadas às suas superiores, de onde procedem influências de capital importância, a causa primordial, forma-se uma corrente que se estende até a mais inferior de todas as coisas; esta corrente faz com que, ao ser tocado um dos extremos, o todo estremeça, ou seja, um toque numa das extremidades faz soar a outra. Assim, ao menor movimento do inferior, o superior também se move, e dessa forma se mantêm em consciência, como cordas de um alaúde bem afinado.[2]

---

2. *De Occulta Philosophia*, I, 38.

Mas não é necessário, hoje, acompanhar os magos da Idade Média na extravagância da doutrina de suas simpatias, nem o homem primitivo em seu fetichismo, valendo-nos de tentativas irracionais de aplicar essa teoria. Existem mesmo escritores modernos de ocultismo que tendem a dar a impressão de que, por meio do cultivo minucioso de condições adequadas e rodeando-se de material deste tipo, um estudante possa tocar a fonte do movimento perpétuo que o conduzirá "gratuitamente" ao Nirvana. Embora possa ser filosoficamente verdadeiro que a vida do Senhor do Primeiro Raio esteja por trás de um diamante, de um leão, de um guerreiro, de um rei ou de um anjo que comande terremotos, obviamente o uso de um diamante ou o fato de comer o coração de um leão não converterá — exceto enquanto sugestão eficiente — um poltrão em herói. Por outro lado, é indubitável que existem consonâncias e dissonâncias de nível vibratório entre o homem e os objetos naturais, fortes a ponto de influenciar muitas pessoas sensíveis não em grau demasiado profundo, mas considerável, desde que atue por um longo período de tempo. Até mesmo o homem médio é afetado dessa maneira: poderíamos citar, por exemplo, o efeito determinante do subsolo e de suas rochas na aparência física (e provavelmente, também, na constituição psíquica) dos que vivem sobre ele.

A numeração dos Raios de 1 a 7 não é arbitrária; sua disposição é tal que as relações naturais são mantidas, da mesma forma que as colunas verticais da tabela periódica dos elementos químicos. Os três primeiros Raios, freqüentemente designados como Raios Principais, repetem em si as qualidades da Trindade: Vontade, Sabedoria e Atividade Criadora. Ao se discorrer sobre os Raios, a mais viável apresentação consiste em descrever sucintamente o tipo humano englobado por cada um deles.

O Primeiro Raio distingue-se pela força de vontade que seus filhos apresentam como qualidade suprema. Coragem, vigor, inflexibilidade, e a rara dádiva de saber apreciar o valor de cada pessoa lhe pertencem. Este é o Raio do guerreiro, do líder nato. Direto em seus métodos, impetuoso como o Raio de Javé, reflete o Poder do Pai Baladeva ou Hércules. Manu, o Legislador, e Moisés são exemplos típicos de figuras míticas deste Raio, embora toda raça e nação possua figuras menores que conquistam a imaginação do povo: um Alexandre, um Hunyadi, um Bolivar, um Ricardo Coração de Leão. Sir William Wallace, Joana D'arc, Bayard ou Washington. Significativamente, a mais dura e brilhante de todas as pedras, o diamante, representa o seu mais elevado grau de desenvolvimento no reino mineral. Sua cor característica é o azul-elétrico.

Vishnu, o Preservador, o amor que é sabedoria, marca o tipo do Segundo Raio. A unidade e a interdependência de tudo o que vive constituem o pensamento-mestre deste Raio, o grande Raio do Ensino. Seus filhos, à semelhança dos do Primeiro Raio, possuem um toque de nobreza, uma nobreza que emana da sabedoria de coração e do amor desinteressado, diferente da dignidade do poder com honra do Primeiro Raio. O Senhor Buda é o mais elevado exemplo desta expressão da vida divina. E o Krishna do Bhagavad-Gita, o Senhor Cristo, especialmente o de alguns Evangelhos Gnósticos, aí se encontra, ao Seu lado. Uma multidão de nomes menores, como o de São Francisco de Assis, poderia ser citada. Este é o Raio índigo; mas o estudante deve ter em mente que cores reais raramente são transmitidas, e que, ao passar de um plano para outro, elas ficam sujeitas a serem revertidas em suas complementares, como o índigo em laranja.

O Terceiro Raio, ou o Raio Verde, é o da atividade criadora; corresponde à Terceira Pessoa da Trindade, o Espírito Santo. O Primeiro Raio pode fornecer o poder; e o Segundo, a motivação sábia e a visão amorosa; mas é o Terceiro que conhece os materiais e calcula as tensões que eles podem suportar, sua melhor disposição, e estima o tempo necessário à obra. O Juiz, o árbitro, o filósofo pertencem intelectualmente a esta classe, esforçando-se sempre por obter visões globais de uma situação; é sob este aspecto prático que encontramos os diversos "filhos de Marta", o engenheiro, o construtor de estradas e o planejador urbano. O homem desse Raio possui um instinto natural para as épocas e as estações, para o momento psicológico conveniente; conseqüentemente, também é seu o mundo das finanças. Adaptabilidade e compreensão são seus dotes naturais, e ele bem poderia copiar o escudo de Ludovico Sforza com a sua amoreira — "símbolo, em seu demorado porém súbito florescer e simultâneo frutificar, de uma sabedoria que economiza todas as suas forças para uma oportunidade de obter um resultado imediato e seguro". Talvez Aristóteles, tal qual se apresenta à Europa Medieval, seja um bom tipo da figura mítica desse Raio: uma mente enciclopédica, o "mestre dos que sabem".

O Terceiro Raio, pela sua própria natureza, atua como ponto de convergência dos restantes, os Raios de número Quatro a Sete. Um bom exemplo verifica-se no polegar contraposto aos quatro dedos. O Primeiro Raio é como o punho fechado; o Segundo é a mão aberta como uma taça ou em gesto de apoio; o Terceiro é o polegar com as pontas dos quatro dedos agrupadas ao seu redor; a partir daí, cada dedo estendido representa, por sua vez, um dos Raios restantes.

Do Quarto Raio, o seguinte, depreende-se uma atmosfera que é tanto intensamente humana quanto hilariante. O Homem do Quarto Raio busca a harmonia das coisas. Na maioria das vezes, ele não enxerga o como e o porquê das coisas com o alcance intelectual profundo do Terceiro Raio, mas é intuitivamente consciente do glorioso ritmo e do equilíbrio que o Logos mantém no decorrer do seu universo em evolução, e, de tempos em tempos, atinge um certo êxtase na percepção dessa beleza. Dotado, por nascimento espiritual, de um grande potencial criador de beleza e harmonia, ele é a platéia entusiástica de Deus, que aplaude do mais profundo de sua alma o perfeito desempenho do Grande Artista no drama do mistério dos mundos. Fascinam-no o fluxo e o refluxo, o empuxo positivo e o impulso negativo, tanto na natureza como na civilização humana; e ele se esforça por sentir, por detrás dela, todo o gracioso padrão da sua disposição geométrica, que é o pensamento divino. Orfeu é a grande figura mítica do Raio; e, quanto a tempos históricos, Leonardo da Vinci é um excelente exemplo. A cor laranja pode ser atribuída a este Raio.

Totalmente diferente em temperamento, conquanto a procura seja a mesma, é o homem do Quinto Raio. Ele também busca a ordem no universo a seu redor, mas seu ideal é a estabilidade mais do que o ritmo; ele se interessa mais pela forma do que pela vida. O homem do Quarto Raio prefere deixar que as fases da marcha do mundo passem por ele a fim de conhecê-las; o homem do Quinto Raio abomina a equação pessoal e, até onde pode, estuda os objetos por meio de outros objetos — nada o satisfaz mais do que poder registrar as reações próprias do objeto da sua atenção. Ele, então, se sente mais próximo da verdade, que é o seu ideal. Este é o Raio da ciência concreta e do conhecimento ordenado. Sua cor é o amarelo-dourado do intelecto. Como figuras míticas, temos Zoroastro, no Oriente, e Hermes Trismegisto (o Thot do Egito), reverenciado por todos os protocientistas do Ocidente. No oitavo verso da sua legendária Tábua de Esmeralda está escrito: "Ascende com a grande sagacidade da terra ao céu, desce novamente à terra, e une o poder das coisas superiores e inferiores. Assim obterás a glória do mundo inteiro, e a obscuridade fugirá de ti." Este é o método científico: tomar a terra como ponto de partida. Existem figuras heróicas de segundo plano neste Raio, porém, menos do que se poderia imaginar, pois, fora de seu próprio Raio, seus feitos são pouco conhecidos, exceto em casos como o de Galileu que, como pessoa, curvou-se às autoridades — mesmo que intimamente reconhecesse apenas uma autoridade: a observação experimental — e murmurou: *"E pur si muove."*

A tônica do Sexto Raio é Bhakti, a total devoção a uma personalidade divina, ou mesmo a um ideal abstrato, que pode concentrar todas as forças de um indivíduo durante toda uma vida de continuado esforço. Por centenas de anos, até nos meados deste último século, ele foi o Raio dominante da Europa Ocidental, e suas obras nos são familiares. Entre ele e o Segundo Raio verifica-se uma indispensável simpatia. Ambos sentem o Amor divino, o Raio Principal, de maneira doce e impessoal, "acima da fumaça e do tumulto desta obscura mancha denominada Terra"; o homem do Sexto Raio, de maneira mais especial e humana, anseia por uma relação direta com a Divindade:

> O peixe agonizante que o pescador descuidado pescou
> E jogou por terra ao lado do riacho murmurante
> Não lança à água um olhar mais ansioso
> Do que o meu a Ti. Oh, concede-me apenas um olhar!

Para encaixar-se nesta relação, ele labuta duramente, a fim de adquirir pureza e bondade. Suas grandes figuras são Jesus Cristo e o jovem Krishna. Figuras menores nem mesmo precisam ser citadas, pois existiu uma grande multidão delas no passado, tanto no Oriente quanto no Ocidente — desde os ardentes poetas místicos do Islã até os santos da Europa medieval, com sua consciência do pecado. A cor do Raio é o carmesim ou rosa avermelhado.

O último Raio, o Sétimo, é de um interesse especial por suceder ao sexto como dominante no mundo. A beleza e propósito na atividade prática o caracterizam, razão pela qual se refere a ele como o Raio Crimonial. Tomando emprestada a essência de todos os Raios (vontade, sabedoria, filosofia, arte, ciência e devoção), o homem adiantado deste Raio elabora um plano de ação preciso, lógico, harmônico e econômico, levando em consideração particularmente os fatores psíquicos e psicológicos, utilizando as forças dos mundos invisíveis em suas cerimônias, da mesma maneira que no plano material erige moinhos de água e de vento. Nesse contorno é feito o contato com a grande evolução invisível dos Devas, familiares como os anjos do Cristianismo. No organismo social, por enquanto, a atividade do Sétimo Raio é mais bem conhecida como Maçonaria e seus movimentos aliados. A maior figura mítica do Raio, agora empalidecida na mente das raças, foi Osíris, em seu aspecto de Rei dos Mortos, "o primeiro de todos os que se encontram no Ocidente", de cuja adoração se desenvolveram os ritos fúnebres egípcios, com sua multiplicidade de amuletos. Proclo e Apolônio de Tiana parecem ser os melhores representantes de épocas mais recentes e, posteriormente, adeptos como o Conde de Saint Germain e Cagliostro. Este raio possui uma ligação particular com o reino mineral, que é utilizado na sua magia. Da mesma maneira, o Sexto Raio está ligado ao Reino Vegetal e o Quinto ao Reino Animal. Existem também os tipos menos expressivos do Sétimo Raio, dignos de nota pela sua sensibilidade à natureza e a seus espíritos, os Devas. São expoentes deste tipo de Raio certos músicos, por exemplo, e um raro gênio literário, Maurice de Guérin, autor de *O Centauro*. A cor do Raio é o violeta.

O Raio pessoal não pode ser determinado tão facilmente quanto se poderia crer. A astrologia é um guia duvidoso, como afirmou o rosa-cruz dr. Robert Fludd (1574-1637), há muito tempo:

> Menciono a Ciência da genetlialogia, que lida com o julgamento das Natividades; e trago à tona a grande disputa entre os dois famosos filósofos, Porfírio e Jâmblico. O primeiro sustentava que um homem tinha a possibilidade de conhecer seu próprio Gênio Pessoal ou Bom Anjo pela arte da astrologia. Jâmblico, por sua vez, entendia que um homem necessita da assistência e do conhecimento de um espírito mais elevado do que qualquer um dos Governantes da fatalidade... Nisso encontro-me propen-

so a concordar com Jâmblico, asseverando, como ele, que sem a revelação advinda deste elevado e celestial Espírito, que foi concedido ao Eleito, ninguém pode vir a conhecer ou familiarizar-se com o seu Anjo da Guarda.[3]

O Raio do homem imortal, interior, nem sempre é evidente nas realizações da personalidade efêmera. Aqueles que desejam levar adiante a indagação, entretanto, tirariam bom proveito de uma consulta ao admirável manual de Ernest Wood sobre Os Sete Raios.

As pedras preciosas e semipreciosas dos Raios, afora as limitadas e confusas alusões que se encontram na tradição astrológica e na mística, foram primeiramente mencionadas por C. W. Leadbeater em seu livro *A Ciência dos Sacramentos*, e os capítulos que se seguem são um sumário da sua lista, com alguns acréscimos experimentais. Um exame minucioso da obra de C.W. Leadbeater revelará de que forma, em cerimônias religiosas, as pedras preciosas atuam como valiosos focos ou centros através dos quais as energias especiais dos vários Raios podem ser conduzidas por auxiliares dévicos para o estímulo de uma congregação de devotos.

Para tentar compreender algo sobre as qualidades essenciais dos Raios, não basta memorizar listas de tipos que principalmente expressam as qualidades de cada raio. Temos de adquirir alguma percepção das formas de movimento abstratas, por assim dizer, dos diferentes Raios como se cada um possuísse uma diferente frente de onda e moldasse a matéria em conformidade com ela. É um exercício útil elaborar listas de materiais ou de artes colocadas sob uma destas sete categorias, conforme os ditames da nossa intuição quanto à sua natureza, depois de meditar cuidadosamente sobre grupos conhecidos como representativos. As listas que você elaborar provavelmente conterão

---

3. *Squeesing of Parson Foster's Sponge*, 11, 12.

erros, como as tarefas de qualquer colegial; entretanto, ao buscar as qualidade abstratas do Raio, seu conhecimento sobre ele aumentará sendo assim alcançado o propósito do exercício.

Uma palavra de advertência faz-se necessária. Não sugerimos que você tente descobrir o Raio dominante real de qualquer objeto ou forma de atividade em particular; mas você pode perceber nas qualidades especiais de cada coisa a influência de um dos Raios, da mesma maneira que um astrólogo medieval poderia ter dito que "toda velocidade pertence a Mercúrio, a beleza é de Vênus, a benevolência vem de Júpiter", embora não conhecesse por tradição ou observação o verdadeiro regente planetário da coisa que porventura tenha observado.

Um exemplo ou dois tornará isso mais claro. Passaremos rapidamente em revista as características dos Raios expressas na consciência humana — força, sabedoria, e assim por diante — e então visualizaremos as jóias dos Raios com todas as qualidades que conhecemos deles. Em seguida, basta selecionar uma classe de coisas, como por exemplo os fluidos naturais ou secreções, e as passar em revista, tentando constatar a natureza essencial de cada uma, referindo-nos constantemente ao nosso conjunto de sete idéias abstratas em busca de seus parentescos e relações. Poderemos, então, obter uma lista assim:

Primeiro Raio	.....	*Água*
Segundo Raio	.....	*Leite*
Terceiro Raio	.....	*Água marinha*
Quarto Raio	.....	*Albúmen,* esperma e óvulo
Quinto Raio	.....	*Mel,* sucos pancreáticos
Sexto Raio	.....	*Sangue*
Sétimo Raio	.....	*Vinho,* hormônios, enzimas

Mais uma vez, não interpretemos mal esta lista. Ela não assevera que a água seja predominantemente do Primeiro Raio.

Estamos nos referindo, aqui, a certas qualidades que ela possui: sua necessidade à vida, sua neutralidade, sua capacidade de pôr em contato íntimo diversos tipos de substâncias em solução, sua incompressibilidade e grande estabilidade sob condições físicas diferentes, sua força de erosão e seu efeito sobre a paisagem, sua transparência à luz. Assim é também com o sangue, que bem pode pertencer a um outro Raio, mas possui a cor avermelhada do rubi e precipita-se livremente aos lugares onde possa prestar serviço, sendo, portanto, colocado aqui como exemplo típico de absoluta autodevoção, o ardente *tapas* do Sexto Raio.

Supondo que nos voltamos para o som, especialmente aquele que se produz na música, sigamos o mesmo método. Isto já é um pouco mais difícil. Temos de nos concentrar nas características básicas dos instrumentos e dos sons que eles produzem: não basta pensar apenas nos instrumentos europeus modernos e no papel que desempenham em uma orquestra. Aqui segue uma classificação:

Primeiro Raio	.....	*Címbalos*, gongos, explosões
Segundo Raio	.....	*Flautas*
Terceiro Raio	.....	*Gaitas*, vozes
Quarto Raio	.....	*Tambores*, tímpanos
Quinto Raio	.....	*Harpas*, cordas dedilhadas
Sexto Raio	.....	*Metais*
Sétimo Raio	.....	*Violinos*, instrumentos de corda e arco

A título de ilustração final, podemos tomar uma série mais sutil de elementos. A maioria de nós já deve ter sentido que o material usado em uma escultura influencia na impressão que dela recebemos. Mármore, granito, bronze, cera, argila — cada qual exprime melhor certos aspectos da idéia neles modelada, por possuir capacidades individuais que se prendem à dureza, uniformidade de textura, peso, força de tensão, transparência, e assim por diante. Um escultor pode modelar com infinito cuidado um aeroplano em granito ou, conforme observado em certas exibições industriais, o busto de alguma celebridade em manteiga; todavia, não é a mera associação de idéias que gera a incongruência e o efeito desagradável que sentimos ao olhar para tais excentricidades. Graça na execução, segurança no toque ao modelar, devem casar com uma certa adequação ao uso, e esta última depende do que possa ser convenientemente denominado de "essência" do material. Tentemos aplicar a nossa classificação, por Raios, dos materiais típicos utilizados nas artes plásticas:

Primeiro Raio	.....	*Granito*, comunica força, solidez, reserva de poder, nobreza.
Segundo Raio	.....	*Marfim*, comunica pureza, impessoalidade, firmeza, unidade e integralidade sintética.
Terceiro Raio	.....	*Mármore*, comunica mobilidade, música, proporção, suavidade nas superfícies limítrofes.
Quarto Raio	.....	*Alabastro*, comunica vida interior, sensibilidade, sentimento humano, receptividade, idealismo.
Quinto Raio	.....	*Basalto*, comunica precisão, frieza, dignidade, verdade, propósito, simetria.
Sexto Raio	.....	*Madeira*, comunica franqueza, poder, ímpeto, humildade, serena estabilidade.
Sétimo Raio	.....	*Bronze*, comunica graça rítmica, tempo, força medida, estabilidade.

Note que o último método envolve o uso de um molde preparado, e lembre-se de que todo cerimonial nada mais é que a preparação de um molde para influxos psíquicos psicológicos.

Depois de ter elaborado várias listas, aconselha-se ao leitor posicioná-las lado a lado em um quadro tabular para tentar encontrar afinidades que as unam, percorrendo as linhas horizontalmente.

Pode parecer completamente insano vaguear de safiras a leite, de flautas e marfim, de topázio a mel, de harpas e basalto; mas, mesmo assim — tente! Afinal de contas, existe mel no basalto se você o olhar bem de perto: os cristais de cor amarelo-mel de olivina. Encontramos nos termos aplicados da pintura à música (e vice-versa) esse mesmo reconhecimento da unidade abstrata por trás dos sentidos específicos. No dizer de Emerson:

> Então compreendemos que as coisas utilizam nomes e faces diferentes, mas pertencem a uma mesma família; que as cordas secretas, ou leis, revelam suas bem conhecidas virtudes por meio de toda variedade — seja ela animal, planta ou planeta —, e o interesse é gradualmente transferido das formas visíveis para o método do oculto.

RAIO	*PEDRA*	*FLUIDO, etc.*	*SOM*	*MATERIAIS*	*COLUNA*
1.	Diamante	Água	Prato, gongos, explosões	Granito	Dórica
2.	Safira	Leite	Flauta	Marfim	Jônica
3.	Esmeralda	Água marinha	Gaita, voz	Mármore	Coríntia
4.	Jaspe	Albúmen (esperma e óvulo)	Tambores, tímpano	Alabastro	Egípcia
5.	Topázio	Mel (sucos pancreáticos)	Harpa, cordas dedilhadas	Basalto	Toscana
6.	Rubi	Sangue	Metais	Madeira	Gótica
7.	Ametista	Vinho (hormônios, enzimas)	Violino, corda e arco	Bronze	Cariátides

4

Pedras do Primeiro Raio

DIAMANTE — CRISTAL DE ROCHA
ACRÉSCIMO EXPERIMENTAL: QUARTZO BRANCO, MAGNETITA, ZIRCONITA, OPALA

Diamante

Composição química: Carbono
Gravidade específica: 3.4 - 3.6
Dureza: 10
Sistema cristalino: Cúbico (tetraédrico isométrico)

Segundo Burton, "um pequeno diamante vale mais que uma montanha de rochas"; e, sem dúvida, o diamante é apreciado desde tempos imemoriais, talvez por já existir em formas naturais octaédricas, que possibilitam o engaste sem lapidação. A arte de lapidá-lo e de poli-lo, que muito enaltece o seu brilho, parece ter sido descoberta em 1496 por Louis de Berquem, embora gravações em diamantes tenham sido executadas anteriormente.

Sendo o diamante o mais duro dos minerais, ele possui, em hebraico, um nome derivado da palavra que designa martelo, pois esmaga e mói todas as outras pedras. Possui propriedades fosforescentes; em ambiente escuro, depois de ter sido exposto à luz solar e também quando submetido a fricção, torna-se luminoso. Submetido a bombardeio elétrico em tubo a vácuo, reluz emitindo uma vívida luz verde.

Existe toda uma literatura a respeito dos diamantes, que inclui muitas histórias curiosas e fascinantes vinculadas a jóias especiais como o fatídico diamante Hope. Entre o vasto número de antigas crenças relacionadas às propriedades ocultas desta pedra, precisamos destacar apenas as que estão em conformidade com a influência do Primeiro Raio. Rueus atribui a ela o poder de afugentar sonhos perturbadores e medos irracionais, de suportar injúrias advindas de inimigos e de manter a unidade e o amor:

> Àquele que trouxer um diamante consigo será concedida ousadia e masculinidade, e ele lhe conservará intactos os membros do corpo. Ele lhe proporcionará vitória sobre os inimigos na corte e na guerra, se a sua causa for justa, e conservará em boas graças aquele que a trouxer consigo em... E, se qualquer maldita feiticeira ou encantador tentar enfeitiçá-lo... toda a tristeza e o infortúnio se voltarão contra o ofensor, graças à virtude dessa pedra.[1]

Para este escritor, o diamante parece pertencer a uma linha de evolução mais antiga que a da terra.[2] Ele tem um magnetismo rico e exótico, e dele emana uma sensação imensa de estabilidade, que decorre de muitas eras de expressão sob essa forma. A impressão de cor comunicada pela vida de um diamante é de índigo profundo ou índigo-violeta

Uma antiga tradição nos diz que é possível fazer os diamantes crescerem, e o escritor de *As Viagens de Sir John Maundeville* declarou ousadamente ter feito esse experimento. No decurso

---

1. Maundeville.
2. Observe-se a ocorrência de diamantes em meteoritos.

de um longo relato sobre as propriedades dos diamantes, ele afirma:

> Embora bons diamantes possam ser encontrados na Índia, é mais comum encontrá-las nas proximidades das rochas do mar e em colinas onde há minas de ouro. Eles crescem juntos e em quantidade, uns pequenos, outros grandes; existem alguns do tamanho de um feijão e outros tão grandes como uma avelã. São quadrados e pontiagudos, o que é próprio da sua espécie; crescem juntos, macho e fêmea, tanto em cima como embaixo, mesmo sem o trabalho de mãos humanas, e são alimentados pelo orvalho do céu; reproduzem-se com freqüência e geram pequenas crianças, que crescem e se multiplicam durante o ano todo. Realizei várias vezes esse experimento; se um homem os guardar junto a um pedacinho da rocha e, regularmente, os aguar com a garoa de maio, eles crescerão no ano todo, e os pequenos tornar-se-ão grandes; pois, da mesma maneira que as dedicadas pérolas se congelam e crescem grandemente graças à fina chuva dos céus, também isso se dá com o verdadeiro diamante. Assim, da mesma forma que as pérolas, por sua própria natureza, tornam-se redondas, os diamantes, pela virtude de Deus, tornam-se quadrangulares.

O misterioso Conde de Saint-Germain podia, evidentemente, aperfeiçoar os diamantes, removendo-lhes as falhas e as impurezas, se é que não os podia fazer crescer. Em carta pessoal ao Conde Von Lamberg sobre a sua segunda visita ao Oriente (1755-1756), ele comenta:

> Sou muito grato pelo conhecimento sobre a fusão de jóias obtido nesta minha segunda jornada à Índia. Durante a minha primeira expedição (1737-1742), eu tinha apenas uma vaga idéia a respeito deste segredo maravilhoso, e todos os experimentos que fiz em Viena, Paris e Londres resultaram infrutíferos.

Em épocas mais recentes, Madame Blavastsky executou a façanha de duplicar jóias. Aqui está o relato do Coronel Olcott sobre a produção de um diamante amarelo em Simla, em 1880:

Estávamos jantando em casa naquele dia; a Sra. Sinnett, H.P.B. e eu aguardávamos o Sr. Sinnett na sala de visitas. As senhoras estavam sentadas lado a lado num sofá; a Sra. Sinnett segurava a mão de H.P.B. e nela admirava, pela vigésima vez, um adorável anel com um diamante amarelo oferecido a esta última pela Sra. Wijecatne de Galle por ocasião da nossa visita naquele mesmo ano. Era uma gema rara e valiosa, repleta de cintilância e luz. A Sra. Sinnett estava muito ansiosa para que H.P.B. a duplicasse para ela em algum momento, coisa que H.P.B. não havia prometido fazer. Nesse instante, entretanto, ela o fez. Esfregando dois dedos da outra mão, num vaivém sobre a pedra, ela fez uma breve pausa e, levantando a mão, expôs a nova gema. Ao lado dela, entre um dedo e outro, estava um outro diamante amarelo, não tão brilhante quanto o seu, mas uma bela jóia, que, creio, se encontra ainda em posse de nossa bondosa e cara amiga.[3]

O Coronel Olcott nos explica que isso pode ser feito com a ajuda dos elementais do reino mineral.

A produção artificial de diamantes é um processo de grande interesse científico, embora o resultado possa não apresentar valor comercial. A forma cristalina do carbono que denominamos diamante pode ser obtida a partir do carvão vegetal se o liqüifizermos e permitirmos que ele se resfrie sob intensa pressão. O diagrama abaixo mostra, sob forma gráfica, a relação entre os vários estados do elemento carbono e a temperatura e pressão necessárias para produzi-los.

A direção vertical representa o aumento da pressão, e a horizontal, o aumento da temperatura. Podemos ver de pronto que o vapor de carbono só consegue existir abaixo de certa pressão. Abaixo dessa pressão, qualquer aumento de temperatura produzirá apenas um líquido cada vez mais quente a uma pressão enorme. Podemos observar também que somente sob grande pressão o carbono líquido se solidifica, convertendo-se em sua forma diamantina, ao invés de se tornar em forma grafí-

3. *Theosophist*, XVII, 196.

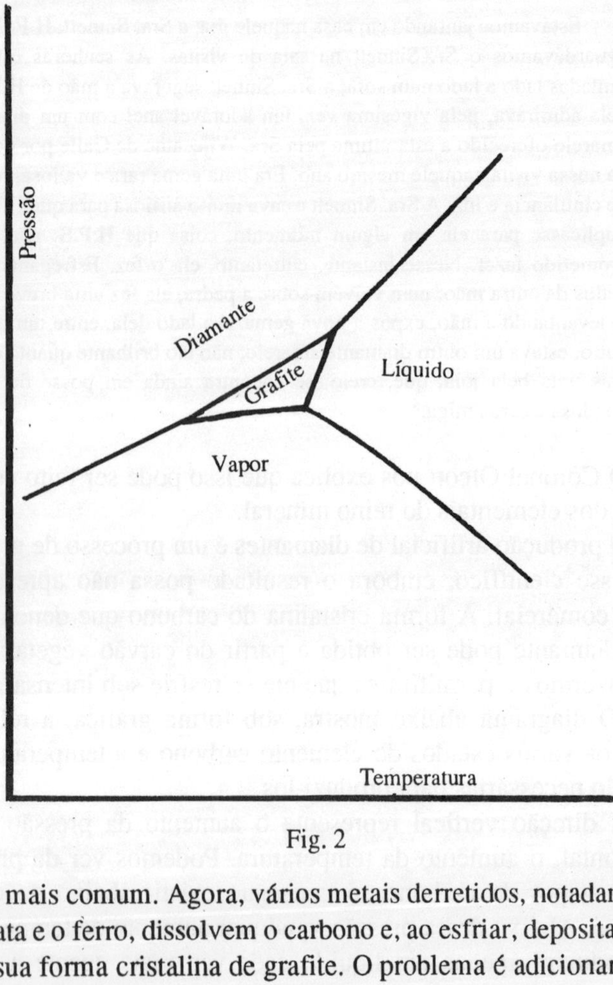

Fig. 2

tica, mais comum. Agora, vários metais derretidos, notadamente a prata e o ferro, dissolvem o carbono e, ao esfriar, depositam-no em sua forma cristalina de grafite. O problema é adicionar suficiente pressão para trazer as condições de resfriamento do carbono para dentro da área representada à esquerda no diagrama. Isto pode ser solucionado da seguinte maneira: Meio quilo de ferro totalmente puro (livre de enxofre, silício e fósforo) é misturado ao carvão vegetal em um cadinho de carbono e colocado em uma fornalha elétrica. Duas barras de carbono formam um arco elétrico sobre o cadinho, transmitindo 700 ampères e uma pressão de 40 volts, elevando a temperatura a mais de 4.000 graus centígrados. Depois de uns poucos minutos nessa temperatura bastante elevada, o ferro torna-se um líquido incandescente saturado de carbono dissolvido. O cadinho é então mantido sob água fria, até resfriar-se e perder a cor vermelha. Esse resfriamento repentino faz com que a camada exterior do ferro se solidifique, enquanto a massa interior permanece líquida. Mas como o ferro, ao passar do estado líquido para o sólido, se expande consideravelmente, o líquido interior, aprisionado pela crosta ao seu redor, sofre, ao resfriar-se, uma pressão de muitas toneladas por centímetro quadrado; o carbono, então, cristaliza sob a pressão desejada.

Posteriormente, o metal tem de ser dissolvido por uma mistura quente de ácido nítrico e hidroclórico, deixando livre o carbono. A maior parte dele se encontra sob a forma de grafita, mas existem também flocos cor de castanha, carbonados ou diamantes negros, e uns poucos fragmentos cristalinos de diamante incolor. Os diamantes verdadeiros obtidos através deste processo são, em sua maior parte, meros e minúsculos grãos, adequados apenas para uso em lâminas de microscópio.

Cristal de Rocha

Composição química: SiO_2
Gravidade específica: 2.5 - 2.8
Dureza: 7
Sistema cristalino: Hexagonal (trigonal)

O cristal de rocha é a forma cristalina pura e transparente da sílica mineral. A sílica desempenha um grande papel na formação das rochas; em vários graus de pureza, tingida por diferentes matérias colorantes, forma a base essencial de dezenas de tipos de pedras semipreciosas, ornamentais ou apenas úteis, como o sílex.

O cristal é encontrado principalmente nas rochas cristalinas e graníticas mais antigas. Suas formas típicas são: (1) prismas de seis lados com remates agudos em seis planos, (2) pirâmides de seis lados, (3) prismas de seis lados com uma pirâmide de seis faces em cada extremidade. Às vezes, os cristais são bastante grandes. Um exemplar de aproximadamente 40 centímetros foi encontrado em Invercauld, perto de Braemar, Escócia. Os cristais de rocha encontram-se amplamente distribuídos por todo o mundo, mas os exemplares mais perfeitos são vistos nos Alpes, Pireneus, Sibéria, Brasil, Ceilão e Madagascar.

Dois pedaços de cristal de rocha, quando lançados um de encontro ao outro na escuridão, permitem entrever tênues clarões de luz fosforescente; quando friccionados um contra o outro, fornecem uma pálida luz amarela. Os pólos elétricos dos cristais encontram-se nas extremidades dos três eixos laterais. Alguns antigos acreditavam que o cristal fosse um tipo de gelo petrificado; Sir Thomas Browne dedica uma seção do seu livro sobre "Erros Freqüentes" à análise da antiga proposição de que "cristais nada mais são que Gelo fortemente cristalizado".

O cristal é uma das sete substâncias preciosas do Budismo, e no sistema tibetano a região oriental do céu é formada de cristal branco. Um dos atributos de certos deuses hindus é o *Akshamala,* ou rosário de vinte e quatro cristais, que representam os vinte e quatro *Tattvas.*

Devido à sua dureza e à sua bela transparência, e ao fato de ser obtido em pedaços consideráveis, esse material foi lavrado em taças e vasos desde épocas remotas, especialmente entre os gregos e romanos. Posteriormente, anéis e pequenas caixinhas foram esculpidas em cristal; na Idade Média, mostrou-se útil nos adornos de relicários. Na coleção Wadeesdon Bequest do Museu Britânico há um vaso raso com tampa, com quatro diamantes incrustados em sua base, que ostenta em arabescos, na lateral, o nome do Sábio Imperador do Hindustão, Akbar, o Grande (1542-1605).

Na história oculta, o cristal de rocha sempre foi um material famoso para a contemplação e a previsão; ele não só fornece a necessária "profundidade clara", como sua essência elemental possui qualidades que estimulam diretamente a clarividência (C.W. Leadbeater). Uma idéia bastante popular referente a esta qualidade transparece no folclore japonês, na seguinte receita:

> Tome um bloco de cristal da melhor qualidade. Abra uma cavidade em seu topo e preencha-a com mercúrio. Coloque-o contra a testa, e você enxergará maravilhosamente bem na escuridão.[4]

Nos planaltos da Escócia, muitas rochas de cristal encantadas eram preservadas para fins de cura. A prática geral consistia em aplicar no paciente — humano ou animal — água na qual a pedra tivesse sido mergulhada.

A atmosfera psíquica do cristal possui a nota de estabilidade característica do Primeiro Raio, mas ela é muito diferente da do diamante. Poderíamos descrever o cristal como não-inteligente, apático e compacto, em vez de concentrado. Encontra-se nele também a qualidade do fogo, mas trata-se aí do despretensioso brilho das brasas contraposto ao fogo elétrico do diamante. Ele é definitivamente uma parte da nossa Mãe Terra, e uma parte bem pouco desenvolvida.

ACRÉSCIMO EXPERIMENTAL

Quartzo Branco

Composição química: SiO_2
Gravidade específica: 2.5
Dureza: 7
Sistema cristalino: Hexagonal (trigonal)

---

4. *Folk Lore*, XXXIII, 193.

Na verdade, esta rocha pouco difere do seu mais valioso companheiro, o cristal de rocha. Sua opacidade e cor branca devem-se à inclusão de inúmeras bolhas diminutas ou cavidades que contêm gás ou fluido. É cristalina na sua estrutura e um dos componentes típicos dos verdadeiros granitos.

"O granito não queima, pois o Fogo é a sua aura", diz H.P. Blavatsky, e esta rocha sempre impressionou os escritores intuitivos, sensíveis às faculdades alheias. Declarou Victor Hugo:[5] "Se o granito tivesse um coração, quanta bondade ele possuiria! Pois bem, a genialidade é como o bom granito e a extrema potência detém o grande amor. E Emerson poetiza:

> O homem, feito do pó do mundo, jamais esquece a sua origem; e tudo o que ainda é inanimado um dia falará e raciocinará... Será possível dizer que montanhas de quartzo se desfizeram em inúmeros Weners, Von Buchs e Beaumonts. E o laboratório da atmosfera, quantos Berzelius e Davis não conterá ainda em solução?[6]

Magnetita

Composição química: $Fe_3\ O_4$
Gravidade específica: 4.9 - 5.2
Dureza: 5.5
Sistema cristalino: Cúbico

Este mineral de ferro negro encontra-se em grãos de cristais, em muitas rochas; freqüentemente, forma lindos octaedros, que fazem pensar em duas pirâmides egípcias contrapostas base a base. Ele é, naturalmente , o ímã, ou minério de ferro magnético, o misterioso osso de Hórus dos mistérios egípcios, e irradia a nota de estabilidade do Primeiro Raio.

---

5. William Shakespeare.
6. *Uses of Great Men.*

Zirconita

Composição química: $ZrSiO_4$
Gravidade específica: 4.2 - 4.86
Dureza: 7.5
Sistema cristalino: Tetragonal

A Zirconita geralmente forma prismas quadrangulares, às vezes, pirâmides, e varia desde a ausência de cor até tons pálidos de amarelo , alaranjado e marrom avermelhado ou marrom esfumaçado. A variedade clara-de-gema é de cor laranja transparente ou tem matizes de vermelho e marrom, e é conhecida como Jacinto. A zirconita possui um lustro intenso, que se aproxima do brilho do diamante; porém, é um tanto quebradiça, e não tão dura. Vem primariamente dos areais aluviais do Ceilão, das zonas do ouro dos Montes Urais e de Laurvik, na Noruega. Sua tônica pode-se dizer que está na independência ou na autodependência.

Opala

Composição química: SiO_2, às vezes H_2O
Gravidade específica: 1.9 - 2.3
Dureza: por volta de 6
Sistema cristalino: nenhum — amorfo

Esta bela e conhecida pedra é uma humilde ocupante de espaços vazios; forma-se nas cavidades existentes em certos tipos de lava, às vezes ocupando o lugar da madeira. Existe uma variedade de transparência vítrea denominada hialita, mas ela é geralmente azulada, com brilhos opalescentes. Posta contra a luz e observada, apresenta cor tirante ao marrom.

A opala nos afasta dos assuntos cotidianos e nos leva para um mundo ideal, um mundo de horizontes longínquos e propósitos elevados. Essa impessoalidade da perspectiva pode parecer repelente ou "infeliz" para aqueles de nós que não estejam preparados para sacrificar o individual por um ideal.

5

Pedras do Segundo Raio

SAFIRA — LÁPIS-LAZÚLI — TURQUESA — SODALITA
ACRÉSCIMO EXPERIMENTAL: BENITOÍTA, FLUORITA

Safira

Composição química: Al_2O_5
Gravidade específica: 4
Dureza: 9
Sistema cristalino: Hexagonal

Corundo ou óxido de alumínio é o componente químico das safiras, que são por vezes reconhecidas como as mais belas quanto à cor dentre todas as pedras preciosas. No entanto, estranhamente, sua cor azul deve-se a traços de matéria alheia; daí existirem também safiras verdes, amarelas e incolores. A mesma pedra, com ricas nuanças de vermelho, é denominada rubi. As safiras vêm das cascalheiras de Burma, do Sião e do Ceilão.

Os antigos lapidadores faziam distinção entre as preciosas gemas de cor azul-vivo, que denominavam masculinas, e as de cor azul-pálido, que denominavam femininas. Depois de submetidas a calor intenso, as safiras tornam-se brancas como a neve.

Expostas a descargas elétricas numa ampola de Crookes, elas fosforescem, emitindo intensa luz azul.

Outrora, acreditava-se que ela protegesse contra encantamentos; "grande inimiga da peste negra, liberta a mente e corrige as maneiras". A armação da cama do mítico Prester John era de finas safiras mescladas com ouro, para fazer com que ele dormisse bem. Acreditava-se também que elas exercessem forte influência no desenvolvimento da pureza e da continência; por isso era, e ainda é, regularmente usada em anéis eclesiásticos por bispos e cardeais.

Encontra-se no Museu Britânico uma figura do Senhor Buda talhada em safira, que nos traz à mente algumas observações de Madame Blavatsky:

> O grande respeito[1] que os budistas têm pela safira — que também era consagrada a Luna em todos os outros países — pode estar fundamentado em algo mais científico que mera superstição sem fundamento. Eles atribuíam à pedra um sagrado poder mágico que todo estudante de mesmerismo psicológico prontamente compreenderá, pois sua superfície azul, profunda e polida, produz extraordinários fenômenos de sonambulismo... Assim, as pesquisas de Amoretti sobre a polaridade elétrica das pedras preciosas mostram que o diamante, a granada e a ametista são (- E), ao passo que a safira é (+ E)... Uma velha lenda hindu relata que Brahma-Prajapati, apaixonado por sua filha Ushas (o Céu, às vezes também a Aurora), assumiu a forma de um gamo (ris'ya), e Ushas a de uma corça (rohit), e dessa maneira cometeu-se o primeiro pecado. Diante de tal violação, os deuses ficaram tão horrorizados que uniram seus corpos de aparência mais assustadora — cada deus podendo possuir tantos corpos quantos desejasse — e produziram Bhutavan (o espírito do mal), com o propósito de destruir a encarnação do primeiro pecado cometido pelo próprio Brahma. Ao ver isto, Brahma-Hiranyagarbha arrependeu-se amargamente e principiou a repetir os mantras ou orações de purificação; em seu pesar, derramou sobre a terra uma lágrima, a mais quente já

1. *Isis Unveiled,* I, 264-65. [*Isis sem Véu,* Editora Pensamento, São Paulo, 1991, edição em 4 vols.]

produzida por um olho, e dela formou-se a primeira safira... Os budistas asseveram que a safira traz equanimidade, paz mental e expulsa todos os pensamentos malignos, assegurando ao homem uma circulação sadia... "A safira", dizem os budistas, "abre portas cerradas e moradas (para o espírito do homem), produz desejo de oração, e traz mais paz que qualquer outra pedra; mas aquele que a usar precisa levar uma vida pura e santa."

A lágrima quente do Brahma lembra de maneira curiosa os modernos experimentos envolvendo a produção artificial de safiras, pois é precisamente pelo calor que gotas ou *boules* de safira são fabricadas. Nas primeiras tentativas, permitiu-se que o vapor de fluoreto de alumínio atuasse sobre o anidrido de boro a elevadas temperaturas, obtendo-se assim pequeninos cristais azuis. Por volta de 1908, M. L. Paris realizou outros experimentos, dos quais o trecho que segue é um resumo conveniente.

Quando a alumina é fundida numa chama de oxi-hidrogênio, ela se torna transparente, gerando um produto cristalino ao qual é prontamente concedida a cor vermelha pela adição de um pouco de óxido de cromo. A massa, entretanto, não adquire a cor azul pela adição de óxido de cobalto e ferro, uma vez que estes permanecem na superfície como uma camada fundida, enquanto o interior permanece incolor. Mas, se um traço de cal estiver presente na alumina, a difusão dos óxidos ocorrerá e a massa fundida pode ser integralmente colorida de azul pela adição de vários óxidos metálicos, sobretudo o de cobalto. As safiras artificiais obtidas dessa maneira consistem em corundo amorfo com uma camada superficial, cristalina; quanto às suas características físicas, mantém com as pedras naturais a mesma relação que se observa entre a sílica fundida e o quartzo. Elas são excessivamente duras e apresentam coloração azul a tal ponto viva que não são facilmente distinguíveis das safiras naturais, nem mesmo por peritos.

Em experimentos posteriores, resultados ainda melhores foram obtidos aspargindo-se com cuidado pitadas de pó adequadamente mesclado através de um arco elétrico; o produto fundido é coletado em gotas ovais ou periformes abaixo da chama. Este método fornece uma massa homogênea de substância, mas ainda apresenta estrias, devido à formação gradual da gota, que pode ser detectada opticamente mesmo depois de o material sintético ter sido lapidado e transformado em gema.

Podemos mencionar também a "Safira-Estrela". Esta pedra apresenta uma estrutura interna peculiar devido ao repetido retorcimento do cristal; desta sorte, o que aparenta ser um cristal consiste, na realidade, em um grande número deles ocupando o mesmo espaço, tal qual a concepção escolástica medieval de uma hoste de anjos ocupando a ponta de uma agulha. Como resultado deste fenômeno, paralelamente aos seis lados, resultam fileiras de espaços ou tubos infinitesimais que refletem tenuemente a luz. Quando uma pedra desse tipo é lapidada *en cabochon*, isto é, de modo a deixar a superfície lisa e arredondada como a extremidade de um ovo, pode-se observar melhor a estrela. Se aproximarmos dela uma vela acesa, enxergaremos essa tênue estrela "qual uma aranha branca" deslocando-se ao redor de um mundo próprio, sempre girando, sem jamais chegar a um fim, repousando algumas vezes, mas retomando o movimento assim que nos aproximamos com a luz móvel.[2]

Lápis-Lazúli

Composição química: Silicatos de alumínio e sódio, sulfeto e sulfato de sódio, um pouco de cálcio
Gravidade específica: 2.3 - 2.45
Dureza: 5.5
Sistema cristalino: Nenhum — amorfo; o componente essencial, a lazurita, é cúbico

Azul-vivo, azul-celeste, azul-violáceo e azul-esverdeado são as cores gerais desta pedra ornamental conhecida desde épocas

---

2. C. R. Ashbee.

remotas. Às vezes, ela parece salpicada de ouro, embora as partículas metálicas douradas não sejam outra coisa que humildes piritas de ferro. É encontrada principalmente em rochas calcárias cristalinas, em várias partes do Oriente — Pérsia, Bokhara, Sibéria e China. Parece-nos, conforme a descrição de Plínio, que esta é a pedra que os escritores clássicos denominavam *sapphirus*.

Lazúli é uma das sete substâncias preciosas do Budismo; alguns dos cilindros babilônicos foram talhados nesta pedra. No Egito Antigo, onde era designada pelos nomes Khesdeb e Qesonkh, era usada em grande quantidade na fabricação de amuletos e símbolos. Os egípcios esculpiam em lápis-lazúli as cártulas, figuras de deusas, o Utchat ou Olho de Hórus, e os símbolos Sam e Shen. Era também o material preferido para as estatuetas de Ísis.

O lápis-lazúli em pó — chamado de ultramarino por artistas de outros tempos — era usado na medicina antiga, externamente, como curativo para furúnculos e ulcerações e, internamente, como purgante e remédio para a melancolia.

É curioso que o lápis-lazúli tenha sido, em diferente civilizações, vinculado ao simbolismo sexual. Em textos assírios, há referências à "salla" (partes pudendas) de Istar esculpidas em lazúli, e à "flauta" de Tammuz, feita do mesmo material. O símbolo egípcio Sam, já mencionado anteriormente, representava o órgão masculino. No extraordinário romance de Huysmans (Lábas), o dr. Johannes,[3] padre ocultista, diagnostica casos psicológicos por meio de pedras preciosas; no romance, o lápis-lazúli detecta distúrbios psíquicos que ocorreram devido a casos de incesto.

---

3. Na vida real, o abade J. A. Boullan de Lyon, que morreu em 1893.

Turquesa

Composição química: Fosfato hidroso de alumínio colorido por um composto de cobre
Gravidade específica: 2.6 - 3.0
Dureza: 6
Sistema cristalino: Nenhum — amorfo

Embora não seja uma pedra transparente, a turquesa, quando submetida a um fino polimento, revela a cor clara do azul-celeste, o verde-azulado ou o verde-maçã. Ela vem de Naishapur, o vale de Megara no Sinai, Turquestão e Tibet. Uma variedade esverdeada é encontrada no Novo México, supostamente a *chalchihuitl* das antigas tribos mexicanas; esta cor, que Plínio denomina *callaina,* era muito apreciada pelos antigos romanos. No Egito Antigo, a turquesa era chamada de Mafkat de Amen, o que a distinguia da Mafkat da Síria, que era a Malaquita.

Sua cor depende muito da presença de água na pedra; caso ela seque até adquirir uma suja cor verde, poderá ter restituída sua cor natural se a enterrarmos por certo tempo em solo úmido.

A turquesa tibetana ou Bodhitse é um dos materiais-padrão para a confecção de rosários e contas, e é amplamente utilizada no folclore. Existe um conto a respeito de um célebre médico tibetano que foi presenteado pelos deuses e pelos demônios com uma imensa quantidade de turquesas e outras pedras preciosas, que foram acumuladas no teto de sua casa.

Sodalita

Composição química: Um feldspatóide, Na (ALCL) Al_2 $(SiO_4)_3$
Gravidade específica: 2.2 - 2.4
Dureza: 5.5 - 6
Sistema cristalino: Cúbico

Esta não é uma pedra tradicional, e sim um constituinte quase microscópico de certos tipos de lava traquítica. Apresenta-se em forma de cubos incolores ou azuis, ou de grãos ásperos dispersos pela rocha. Ocorre principalmente no sul de Portugal, na Itália, na Sicília e na Transilvânia. Recentemente, entretanto, foi encontrada também no Maine, em Ontário e no rio Ica, na Columbia Britânica em grandes porções de cor azul-celeste, passando a ser usada como pedra ornamental.

ACRÉSCIMO EXPERIMENTAL

Benitoíta

Composição química: $BaTiSi_3O_4$
Gravidade específica: 3.65
Dureza: 6.5
Sistema cristalino: Hexagonal

A benitoíta é uma pedra nova; quimicamente, é um titano-silicato de Bário, e seu nome deriva do local onde foi descoberta em 1907, perto das cabeceiras do Rio São Benito, na Califórnia. Ele varia desde a ausência de cor até o profundo azul da safira; por possuir uma alta capacidade de refração, gera pedras lapidadas muito brilhantes.

A vida mineral de benitoíta é ativa, mas não totalmente desenvolvida. Ela parece ser um tipo de substituta terrestre da safira mais antiga, que ela poderá um dia vir a substituir.

Fluorita

Composição química: CaF_2
Gravidade específica: 3 - 3.2
Dureza: 4
Sistema cristalino: Cúbico (isométrico)

Espatos de flúor ocorrem em várias colorações, que vão desde a transparência vítrica até o azul, o rosa e, raramente, o vermelho. Sua cor típica é o atraente azul-violáceo, às vezes denominado "Blue John". É encontrada em leitos e veios, freqüentemente em associação com minérios metálicos, especialmente os de chumbo. É comum na Saxônia e nos distritos mineiros da Inglaterra, especialmente em Derbyshire e na Cornuália.

A fluorita fosforesce quando aquecida e apresenta a notável propriedade de transmitir ondas extremamente curtas de luz ultravioleta.

Fisicamente, proporciona uma atmosfera monótona de paz, de pouco ou nenhum efeito estimulante.

6

Pedras do Terceiro Raio

ESMERALDA — ÁGUA-MARINHA — JADE — MALAQUITA

ACRÉSCIMO EXPERIMENTAL: OLIVINA PRECIOSA, AMAZONITA, PIRITAS DE FERRO

Esmeralda

Composição química: $3Be\ O.AL_2\ O_3\ 6SiO_2$
Gravidade específica: 2.7
Dureza: 7.5 - 8
Sistema cristalino: Hexagonal (Romboédrico)

Esta é a forma mais preciosa do mineral berilo. Apresenta-se num verde transparente e profundo. Seus prismas de seis lados geralmente são marcados no sentido longitudinal por finas ranhuras e estrias. É encontrada geralmente em drusas, cavidades no gnaisse granítico, ou ainda incrustada em xistos de mica ou clorita. Entretanto, na sua mais famosa localidade, Muzo, na Colômbia, ela é encontrada em rochas calcárias negras. Peru, Brasil, Baviera, Índia e Sibéria também são fontes notáveis de esmeraldas, que era também, em tempos antigos, minerada "no Egito. Sir John Maundeville comenta que no Egito... há abundância de belas esmeraldas, que são, devido a isto, mais baratas do que em qualquer outra parte".

Acredita-se que o famoso monóculo de Nero tenha sido uma esmeralda:

> A verde e viva esmeralda, em cujo são aspecto vistas fracas sua enferma radiação corrigem.[1]

Autores antigos descrevem colunas e estátuas de esmeralda de tamanho imenso. Plínio cita Ápio a propósito de uma colossal estátua de esmeralda, de quatro metros e meio de altura, no labirinto egípcio. Parece provável que fossem, na realidade, imitações em vidro. Por outro lado, devemos ter em mente que o berilo comum — opaco ou verde-enlameado — tem sido encontrado em cristais verdadeiramente gigantescos, pesando até duas toneladas e meia, e que achados semelhantes podem ser a base das histórias acima mencionadas.

Burton observa em "Mercurialis admira a Esmeralda pela sua virtude de serenar todas as afecções mentais". No Egito, o amuleto do cetro de Papiro, símbolo do vigor e renovação da juventude, geralmente era confeccionado em esmeralda ou porcelana verde-clara.

Água-marinha

A água-marinha difere da esmeralda apenas na cor: ela é um berilo transparente verde-azulado. Pedras de boa qualidade são encontradas no Brasil, na Sibéria e na Índia.

Ela tem sido engastada e gravada desde épocas muito antigas e, segundo Buxtorf, é o berilo mencionado no Êxodo, xxviii, 20. O papa Júlio II usava uma água-marinha de mais de duas

1. Shakespeare, *A Lover's Complaint*.

polegadas de comprimento em sua tiara. Esta pedra foi roubada pelos franceses e depois devolvida à Sede Papal por Napoleão.

Jade

Composição química: Silicato de Alumínio e Cálcio.
Gravidade específica: 3 - 3.2
Dureza: 6
Sistema cristalino: Monoclínico

O jade verdadeiro, ou nefrita, precisa ser diferenciado de um outro mineral indevidamente batizado pelo mesmo nome: o silicato de alumínio e sódio, ou jadeíta.

O jade é um material resistente que adquire um bom lustro quando polido. Sua cor típica lembra o verde-escuro do alho-porro, e a pedra se mostra um pouco escorregadia ao toque.

Associa-se o jade particularmente à China, onde esta pedra foi sempre colocada na primeira linha entre as pedras preciosas, e onde tantas obras-primas de entalhe paciente e primoroso foram executados; mas também em outros lugares, onde a linhagem dos atlantes sobreviveu, encontramos o jade desempenhando um papel proeminente. Os astecas, que relacionavam o verde à lealdade, esculpiam em jade; os habitantes dos lagos da Suíça (Tlavatlis) possuíam machadinhas com cabeça de jade; no vale do Amazonas, no Brasil, onde o jade ocorre naturalmente, grande número de amuletos e machadinhas desse material foi encontrado; e, na Nova Zelândia, encontramos "poenamu" esculpido em imagens, machados e machadinhas. Era o Nemehen do Egito Antigo.

Em 1905, a Sra. Conger, esposa do Ministro Americano, foi presenteada pela imperatriz Dowager da China com um amuleto de jade genuíno, para que tivesse um regresso seguro à América. "A pedra era usada por governantes da China há mais de dois mil anos; a então imperatriz Dowager tinha-a usado durante o seu reinado, durante o cerco de 1900, em sua fuga, quando de sua estadia a centenas de milhas de seu palácio natal, e durante o retorno à sua própria Pequim e à Cidade Proibida; o amuleto a protegera através de todo esse percurso.

"Era esse protetor poder que ela desejava que me acompanhasse em minha jornada de volta ao lar. Minha gratidão era imensa, e sincera a minha resposta."[2]

Malaquita

Composição química: $CuCo_3Cu\ (OH)_2$
Gravidade específica: 3.7 - 4
Dureza: 3.5
Sistema cristalino: Monoclínico

Supõe-se que o carbonato verde de cobre tenha obtido seu nome do grego "malache" (marsh-mallow); é um mineral razoavelmente bem distribuído, geralmente encontrado em perlados, em sedosa aparência verde-esmeralda, raramente sob a forma de cristal. É freqüentemente fibroso em sua estrutura.

Por poder ser obtido em lâminas, foi muito usado como pedra ornamental e como incrustação para mesas. Seu mais remoto uso, entretanto, parece ter sido como cosmético. No período pré-histórico do Egito, era moído junto com galena — "sulfeto de chumbo" — em paletas de ardósia, e esse pó, mesclado à água, era aplicado sobre as pálpebras. Posteriormente, na história do Egito, passou a figurar como um amuleto conhecido como Mafkat da Síria.

---

2. S. P. Conger, *Letters from China*, 353.

A malaquita é um mineral de formação relativamente rápida. Existem areais costeiros recentes que possuem suas partículas cobertas e unidas por esse mineral (Wheal Leisure), e em antigos terrenos assírios foram encontrados objetos de bronze parcial ou totalmente convertidos em malaquita.

ACRÉSCIMO EXPERIMENTAL

Olivina Preciosa

Composição química: $(MgFe)_2 SiO_4$
Gravidade específica: 3.3 - 3.4
Dureza: 7
Sistema cristalino: Rômbico

A olivina é um componente comum a certos tipos de rocha; encontra-se, o mais das vezes alterada e decomposta, salvo quando aparece com coloração negro - acinzentada. Ocasionalmente, surge sob a forma de cristais claros e vítreos de cor verde-amarelada, que podem ser lapidados e polidos como gemas. À luz artificial ganha bom realce, tendo já sido chamada de "esmeralda noturna" e também de perídoto, ou crisólito.

Amazonita

Composição química: K_2O. Al_2O_3. $6SiO_2$.
Gravidade específica: 2.57
Dureza: 6
Sistema cristalino: Triclínico

A amazonita é uma variedade verde-brilhante do feldspato microclina, usada às vezes como pedra ornamental.

Piritas de Ferro

Composição química: FeS_2
Gravidade específica: 4.9 - 5.1
Dureza: 6 - 6.5
Sistema cristalino: Cúbico

As piritas são componentes comuns das massas rochosas; embora sejam minérios de ferro, são usadas mais freqüentemente como fonte de enxofre, ao qual vêm combinadas. Seus fulgurantes cubos amarelo-esverdeados nos são familiares graças à ardósia dos telhados, e elas também emitem luz no carvão doméstico — sendo denominadas *brasses* pelos mineiros de carvão. Seu nome é derivado do grego "pyr", que significa fogo. Os mineiros de cobre da Cornuália chamam-nas de *mundic*.

Na Ilha de Elba, foram encontradas piritas de ferro formadoras de grandes dodecaedros pentagonais, isto é, cristais de doze faces contendo cada face cinco lados.

7

Pedras do Quarto Raio

JASPE — CALCEDÔNIA — ÁGATA — SERPENTINA
ACRÉSCIMO EXPERIMENTAL: PÉROLA, PEDRA DA LUA, SELENITA, ALABASTRO

Jaspe

Composição química: SiO_2, com várias substâncias colorantes
Gravidade específica: Cerca de 2.6
Dureza: 7
Sistema cristalino: Criptocristalino

O jaspe, a principal pedra do Quarto Raio, possui muitas variedades e cores, embora o vermelho-brilhante possa ser considerado o mais típico. Pedras de cor verde, amarela, rosa, negra e azulada têm sido usadas como jóias; da Sibéria, vem o jaspe, de fitas listradas; do Egito, um outro tipo, com zonas concêntricas de diferentes tonalidades de marrom. O jaspe encontra-se espalhado em abundância pelo mundo; mas, além de sua mais famosa fonte, o Egito, os espécimes mais antigos provêm, em sua maior parte, da Índia, da Pérsia e da Capadócia.

O vermelho era associado a Ísis, Mãe da vida magnética, e o desenho que adornava a fivela de seu cinturão era freqüentemente esculpido em jaspe vermelho, que os egípcios denominavam Khenem. Os amuletos da cabeça da serpente e da vaca sacrifical também eram confeccionados nesse material. Encontra-se no Museu Britânico um sinete quadrado de jaspe amarelo com o nome e os títulos de Amenófis II.

Muitos dos selos cilíndricos assírios e babilônicos foram gravados nessa pedra; escaravelhos de jaspe verde, de origem fenícia, foram encontrados na Sardenha, e Maundeville refere-se a uma caixa de jaspe verde depositada no interior da Arca dos Judeus.

Dioscórides menciona o jaspe como uma pedra particularmente adequada à confecção de amuletos. "Um grande número das chamadas gemas gnósticas — as abraxas — foi gravado nesta pedra; mas deve ser observado que Abraxas ou 'Abrasax', o Grande Deus dos ignorantes, era classificado em meio às hierarquias inferiores da Gnose, e à idéia popular que se fazia dele eram atribuídos os poderes mais inferiores do corpo físico."[1]

A padronização geométrica, tal qual se apresenta na arte egípcia, é característica do Quarto Raio; é interessante observar essa qualidade objetivamente manifestada nas linhas de padronagem rítmica de muitos jaspes. À imitação do mineral, temos na arquitetura o estilo de adorno denominado, em língua inglesa, *diaper work* (do italiano *diaspro, diasprus,* "semelhante ao jaspe"), no qual uma padronização convencional de flores, folhas e pergaminhos é encerrada em repetidas e pequenas molduras, via de regra, encaixadas juntas; essa mesma idéia foi levada para os

---

1. Mead, *Fragment of a Faith Forgotten,* 283.

têxteis, onde os *diapers* conservam o padrão da regularidade geométrica.

Permanecem dúvidas quanto a ser o jaspe, realmente, a mais perfeita forma da vida neste Raio, uma vez que não se trata de um tipo puro de cristal; por outro lado, o Quarto Raio, por atuar como ponte ou Raio de equilíbrio entre os três raios abstratos e os três práticos, pode requerer exatamente esse tipo de estrutura cristalina apenas em suas partes insignificantes.

Calcedônia

Composição química: SiO_2
Gravidade específica: Cerca de 2.6
Dureza: 7
Sistema cristalino: Criptocristalino

A calcedônia é uma das formas do protomineral sílica. É uma pedra branco-azulada de aparência cerácea, que se torna brilhante quando polida; na realidade, é formado de camadas entremeadas ou fibras de quartzo cristalino e sílica amorfa ou Opala. Suas nuanças variam do cinza-azulado ao marrom; em sua forma básica, converte-se em sílex. É encontrada nas cavidades da lava e de rochas calcárias, como formação secundária.

Esta pedra desde tempos longínquos é polida e gravada para selos e relevos. O amuleto em coração dos egípcios era freqüentemente esculpido nela; já nos tempos clássicos, temos as calcedônias gravadas no Touro Dionisíaco, de autoria de Hilo, e a Medusa de Sólon — ambas típicas de tendência inferiorizante da vida nos mundos mais baixos. Burton diz a seu respeito:

> Existe um tipo de Ônix, chamado calcedônia, que muito vale na luta contra as ilusões fantásticas que provêm da melancolia, preservando o vigor e as boas condições de todo o corpo.

Ágata

Composição química: SiO_2 com substâncias colorantes
Gravidade específica: em torno de 2.6
Dureza: 7
Sistema cristalino: Parcialmente criptocristalino

O rio da Sicília, antigamente denominado Achates, deu nome a essa pedra, pois finas variedades dela foram encontradas em suas margens. A ágata é uma pedra matizada que resulta de deposição de sílica em solução ao longo de zonas e faixas, em cavidades de rochas ígneas. Em um seixo ou nódulo, pode-se encontrar um grande número de camadas concêntricas de diferentes estados de quartzo; calcedônico, jáspico e cristalino, coloridos principalmente em matizes de vermelho e marrom, devido a óxidos de ferro. Quando a pedra sofre um corte transversal e é polida, revela-se o seu sistema de linhas e faixas maravilhosamente regular; e quando a pedra possui linhas em ziguezague similares à planta de um forte militar, ela é denominada "ágata fortificada". As ágatas-musgo são assim chamadas por apresentarem estruturas de ramificação semelhantes a vegetais. São encontradas no Egito, Grécia, Arábia, Uruguai e na Escócia.

A ágata era considerada um amuleto contra escorpiões e aranhas e um talismã para os atletas. Sir Thomas Browne menciona a crença de que "a emanação vaporosa das ágatas desvia as tempestades", o que é sem dúvida característico do Raio da harmonia, embora não se explique como uma ágata possa gerar tais emanações vaporosas. O grande mestre do Quarto Raio, Orfeu, "preconizava o uso da pedra denominada ágata".

Além dos padrões geométricos a que nos referimos quando falamos do jaspe, a ágata também apresenta a notável faculdade da imitação que é própria deste Raio, pois em muitas ocasiões substitui fibras de madeira célula a célula, parte a parte, de modo que encontramos em ágatas reproduções imperecíveis de formas pré-históricas de plantas. Esta substituição se estende até mesmo à estrutura microscópica da matéria vegetal; e, embora cópias em opala sejam mais comuns, as feitas em ágata são reprodução mais fiéis e detalhadas do original. Existe uma história que diz que, por volta do ano de 1760, o Imperador da Alemanha, desejoso de conhecer a quantidade de tempo necessária para que uma petrificação se completasse, obteve do Sultão licença para examinar uma das vigas de madeira que apoiavam a ponte de Trajano sobre o Danúbio, há algumas milhas ao sul de Belgrado. A parte exterior desta viga, até a profundidade de meia polegada, encontrava-se já convertida em ágata; as partes interiores encontravam-se ligeiramente petrificadas, e o centro era ainda madeira.

Serpentina

Composição química: $2H_2O.\ 3MgO.\ 2SiO_2$
Gravidade específica: 2.5 - 2.65
Dureza: 3-4
Sistema cristalino: Monoclínico

O mineral serpentina é uma substância granular, amarelada ou esverdeada, razoavelmente mole e ligeiramente translúcida, encontrada principalmente em rochas calcárias; mas o nome é comumente aplicado a massas rochosas de minerais alterados que têm a serpentina por componente principal. A serpentina massiva é repleta de manchas e veias que lembram as marcas da pele de uma cobra; geralmente, além de serpentina, contém carbonato de cal, esteatita ou pedra-sabão, dialágea ou dolomita. Sua cor é normalmente o verde-vivo ou o vermelho, permeado por veios esbranquiçados de esteatita. Algumas variedades apresentam uma base verde-oliva, com faixas ou manchas de vermelho castanho ou vermelho-brilhante mescladas a gradações mais claras; podem também apresentar um verde-oliva com veios azul-esverdeados de esteatita; algumas são vermelhas, salpicadas de veios verdes de dialágea; outras são foscas e outras, ainda, listradas (spon). Um tipo excepcionalmente duro de serpentina verde é esculpido no Afeganistão, onde é tão estimado como o jade. A serpentina é encontrada em Portosoy, em Banffshire, Lizard Point, na Cornuália, Canadá, Sibéria, Galway na Irlanda, Egito e Itália.

As Ofitas, ou pedras da Serpente dos antigos, provinham das adjacências de Mênfis. No museu do Cairo, encontram-se duas belas estátuas de cerca de um metro de altura esculpidas em serpentina, que representam Osíris e Ísis enterrados. elas foram encontradas na Necrópole de Mênfis e são atribuídas à XXX dinastia. As gemas mais antigas da Síria são cilindros de serpentina de uma ou duas polegadas de comprimento e cerca de meia polegada de espessura; seu eixo central é perfurado, e através dele passa a corda com a qual eram atadas ao pulso.

8

Pedras do Quinto Raio

TOPÁZIO — CITRINO — ESTEITITA
ACRÉSCIMO EXPERIMENTAL: CAIRNGORM, CRISÔTILO, OBSIDIANA, AZEVICHE

Topázio

Composição química; $Al_2 SiO_4. (F, OH)_2$
Gravidade específica: 3.5
Dureza: 8
Sistema cristalino: Ortorrômbico

Esta brilhante e admirável pedra pode ser encontrada em rochas de quartzo, associada ao minério de alumínio, e em algumas cascalheiras, como seixo laminado. Geralmente, apresenta cor límpida e transparente, ou tingida de nuanças de amarelo. Algumas das variedades tingidas tornam-se rosadas pelo aquecimento, e o topázio rosa, natural ou artificialmente induzido, combina muito bem com o ouro, particularmente, o ouro pardo. Uma variedade digna de menção é o topázio azul-celeste encontrado nos planaltos escoceses, que caracteriza o tipo de religião perseverante próprio dos escoceses; isto é, o Quinto Raio da ciência (topázio) aliado ao Segundo Raio da intuição religiosa (cor azul). As principais localidades onde o topázio é encontrado são o Brasil e a Sibéria, bem como a Saxônia, embora bons exemplares possam ser também encontrados nas Montanhas Mourne e no Colorado.

O topázio, supostamente, ajuda a virtude da fidelidade nas amizades. Outras propriedades são sumariadas por Burton, em sua obra *Anatomia da Melancolia*, da seguinte maneira: "Estas mesmas propriedades eu encontro prescritas ao jacinto e ao topázio. Eles aliviam a raiva e o pesar, abrandam a loucura, deleitam e rejubilam a mente. Sendo carregadas ou tomadas na forma de poção, aumentam a sabedoria e, segundo Cardan, expelem o medo. Ele se vangloria de ter curado muitos homens insanos por meio do topázio, homens esses que, ao serem tocados pela pedra, encontravam-se totalmente fora de si.

Citrino

O citrino ou "falso topázio" é meramente um cristal de rocha de cor amarelo-brilhante. Naturalmente, não é tão duro quanto o topázio, nem tão brilhante, por não possuir a mesma capacidade de refração.

Encontra-se na famosa coleção de Townshennd um admirável pedaço de quartzo, no qual está esculpido o rosto de um macaco; metade da pedra é citrino e a outra metade quartzo rosa. Maundeville tem um curioso enunciado que diz que "os cristais amarelos atraem cores como o óleo".

Esteatita

Composição química: $3MgO. H_2O. 4SiO_2$
Gravidade específica: 2.8
Dureza: 1-3
Sistema cristalino: Provavelmente, monoclínico

A esteatita ou pedra-sabão é uma forma de talco mineral, conhecida em sua forma lapidada ou pulverizada como "giz francês"; é excessivamente macia, pode ser facilmente esculpida ou torneada, e reconhece-se pela sensação de escorregar da mão que se tem ao tocá-la. É encontrada em localidades onde existe também a serpentina, da qual ela é, freqüentemente, um componente considerável.

Os egípcios a usavam fartamente como material para selos e entalhes: na Índia e China é ainda hoje usada como material para escultura. Nos tempos modernos, ela tem sido usada com propósitos mais ou menos prosaicos associados ao fogo, pois ela tem a qualidade de resistir a ele. Nos primeiros anos do século XIX, doze toneladas de esteatita eram utilizadas na Cornuália para a manufatura de porcelana. Nos Estados Unidos, uma tinta à base de esteatita é fabricada e aplicada aos cascos dos navios, a paredes, para prevenir a umidade, e aos telhados, para torná-los à prova de fogo.

ACRÉSCIMO EXPERIMENTAL

Cairngorm ou Quartzo Esfumaçado

Esta pedra tipicamente escocesa deriva seu nome do maciço montanhoso do planalto escocês de onde vem. É uma variedade pigmentada do cristal de rocha, que difere do citrino apenas por apresentar coloração amarela mais pálida ou por possuir matizes amarronzados nos espécimes de cor amarelo-intenso. É ainda hoje uma das pedras ornamentais favoritas para se pôr nos broches e cabos de adaga usados com as roupas típicas desta região da Escócia.

Âmbar

Composição química: Carbono, hidrogênio e oxigênio, junto com ácido succínico.
Gravidade específica: 2 - 2.5
Dureza: Por volta de 5
Sistema cristalino: Amorfo

As coníferas do período Terciário transpiravam uma resina que se fossilizou em torrões e fragmentos; a estes denominamos âmbar. Geralmente de cor amarelo-pálido, podem variar desde o laranja e nuanças de vermelho até o marrom-opaco; mais raramente, também pode ser encontrado nas cores branco, esverdeado, azulado e violeta. Localizam-se principalmente na Costa Báletica entre Konigsberg e Memel, mas também ocorrem na Sicília (uma variedade fluorescente denominada Simetita), no Adriático, na Sibéria, na Groenlândia, nos Estados Unidos, em Burma e na Austrália. O *gumcopal* de Nova Zelândia é um tipo mais macio e menos fossilizado.

O âmbar é apreciado desde os tempos pré-históricos, conforme provam os ornamentos encontrados nos sepulcros e nas habitações lacustres da Europa. Ele é encarado há muito tempo como amuleto contra doenças e infecções, e esta foi a razão para o seu uso como material para bocais. Um óleo volátil pode ser destilado a partir dele; acreditava-se que esse óleo era de grande valor nas convulsões infantis.

Nos países maometanos, o âmbar é estimado como incenso, bem como por suas propriedades talismânicas. O Xá tem "um cubo de âmbar, que dizem ter caído do céu na época de Maomé. Este cubo supostamente torna o Xá invulnerável, e ele o usa ao redor do pescoço".[1]

Comenta-se que o uso de âmbar no verniz seja um dos principais segredos dos fabricantes dos famosos violinos de Cremona.

Crisótilo

O crisótilo, que precisa ser diferenciado do crisólito (vide "Olivina Preciosa") é uma variedade fibrosa amarelo-pálida da

1. Grant, *Mysteries of All Nations*, p. 636.

serpentina, similar ao asbesto. Contudo, esta pedra da qual nos ocupamos agora é um tipo duro, proveniente da África do Sul; ela também contém um pouco de quartzo e apresenta bons resultados ao ser polida. O crisótilo deixa entrever uma série de linhas lustrosas e faixas de amarelo-dourado e marrom que se fazem bastante evidentes nas fotografias espectrais. Esta pedra também é conhecida como crocidolita e é, na verdade, um tanto quanto diferente em composição química de seu similar, o crisótilo; é um dos materiais favoritos para a confecção dos ornamentos conhecidos como "olho-de-gato".

Obsidiana

Cristal vulcânico é um outro nome dado a este antigo material, utilizado em ferramentas para cortar. É uma rocha vítrea marrom-escura ou negra, formada pelo rápido resfriamento de massas ígneas ácidas.

Facas, pontas de lança e machados foram lascados e polidos nesta pedra por muitas tribos selvagens. Os antigos mexicanos utilizavam-na em suas facas sacrificais; os egípcios confeccionavam em obsidiana os amuletos dos Dois Dedos e o símbolo da União denominado Sam. A literatura clássica registra a doação de quatro elefantes de obsidiana ao templo da Concórdia por parte de Augusto, e também menciona uma estátua de Menelau em obsidiana pertencente à cidade de Heliópolis.

Tal qual o pensamento, a princípio ardente e fluido, esta rocha endurece e então se cristaliza gradualmente; as massas ocorrem quando a passagem do estado vítreo para o estado cristalino pode ser estudada ao microscópio.

Azeviche

Sinônimo de negrume, o azeviche pode ser considerado uma variedade preciosa do carvão, pois que é uma variedade resinosa dura do linhito ou madeira carbonizada.

Os gregos, que o obtinham na Síria, acreditavam que o azeviche em pó servia de remédio para a dor de dente. Muitos sepulcros europeus primitivos continham ornamentos feitos de azeviche.

Whitby, em Yorkshire, onde o azeviche ocorre em leitos rasos em Uper Lias, foi outrora um importante centro de exploração do azeviche, mas atualmente a maior parte deste material é coletada na França e na Espanha.

9

Pedras do Sexto Raio

RUBI — TURMALINA — GRANADA — CORNALINA — CARBÚNCULO — TULITA — RODONITA
ACRÉSCIMO EXPERIMENTAL: CORAL VERMELHO

Rubi

Composição química: Al_2O_3
Gravidade específica: 4
Dureza: 9

Exceto pela cor, o rubi tem aspecto idêntico ao da safira, sendo também um corundo cristalino, ou seja, um óxido de alumínio. Ele é, todavia, um tanto mais macio que a safira, e uma pedra um pouco mais valiosa e mais escassa. A principal fonte desta pedra são os areais de Burma (Mogok), de Sião e do Ceilão, mas cristais também são encontrados *in situ* em algumas rochas calcárias alteradas.

Depois de exposto à luz solar, o rubi fosforesce na escuridão por alguns momentos e, sob descarga elétrica em tubo a vácuo, emite luz vermelha.

O rubi é uma das sete substâncias preciosas do Budismo, e a região ocidental do céu tibetano é composto de Pemaraga, ou rubi. O romancista de estilo pitoresco que escreveu *As Viagens de Sir John Maundeville* não se esqueceu de incluir o rubi entre as maravilhosas pedras que descreve. Ao escrever sobre Nacumera, a ilha das pessoas que tinham cabeça de cachorro, ele diz que seu rei "levava ao redor do pescoço um rubi do Oriente, fino e nobre, que media trinta centímetros de comprimento e cinco dedos de largura. E quando esse povo escolhe o seu rei, faz-lhe presente desse rubi, para que o carregue nas mãos, e assim o conduzem por toda a cidade. E ele sempre deve usar esse rubi ao redor do pescoço; pois, se não trouxesse este rubi consigo, não seria considerado rei. O Cham de Catai sempre cobiçou este rubi, mas nunca pôde obtê-lo, nem pela guerra, nem por qualquer outro artifício". Mais adiante, ele nos relata que o grande Khan possuía um rubi de quinze centímetros de comprimento.

Os escritores medievais atribuíam ao rubi o poder de curar e de trazer o esquecimento dos males causados pela amizade e pelo amor.

O filósofo inglês e rosa-cruz Fludd faz algumas referências interessantes ligadas a essa pedra. "A terra vermelha", diz ele, "de que Adão foi formado, tinha em si a virtude dos Sephiroth; era, portanto, matéria pura e boa — um rubi ou gema de carbúnculo."

Em seu *Tractatus Theologo-Philosophicus* (1617), ele interpela o Cristo dizendo: "Oh, rubi! Cujo sangue é a salvação dos fiéis; Oh, carbúnculo! Que pelo Teu esplendor e claridade iluminas a Humanidade."

Turmalina

Composição química: $H_9Al_3 (B, OH)_2 Si_4 O_{19}$; H sendo substituído por Al, Na, Mg, Fe.

Gravidade específica: 3 - 3.3

Dureza: 7 - 7.5

Sistema cristalino: Hexagonal (trigonal)

A turmalina preciosa existe nas cores azul-claro, azul-escuro, verde, vermelho e amarelo, mas nos ocuparemos aqui apenas das variedades vermelha e rosa, diferenciadas das outras pelo nome de Rubelita ou Siberita (da Sibéria).

As turmalinas vêm de Elba, do Maine, da Sibéria, do Ceilão e do Brasil, e são encontradas em cristais alongados, em numerosas rochas, tanto ígneas como metamórficas. O mineral é quase tão opaco exposto ao calor quanto a pedra-ume; na presença de temperatura alta, eletrifica-se de modo que uma extremidade do cristal se torna positiva e a outra, negativa.

Existe na propriedade da turmalina de absorver luz e conduzir melhor a eletricidade numa direção exclusiva, isto é, perpendicularmente ao eixo ótico do cristal, algo que lembra o *tapas* de uma única ponta ou dedicação do Sexto Raio.

Granada

Composição química: $3\ FeO.\ Al_2O_3\ 3\ SiO_2$ (Almandina)
$3\ MgO.\ Al_2O_3 3\ SiO_2$ (Piropo)
Gravidade específica: 3.7 - 4.3
Dureza: 6.5 - 7.5
Sistema cristalino: Cúbico

As granadas são uma família razoavelmente grande de pedras que variam desde o branco, passando pelo amarelo, pelo vermelho, pelo verde-maçã e pelo marrom e chegando ao preto. Sob este Raio, estamos lidando com tipos de pedras transparentes, de cor vermelha e púrpura, conhecidos como piropo e almandina. Elas são encontradas em grãos redondos ou em cristais dodecaédricos.

O piropo vermelho-sangue é encontrado em rochas de serpentina ou em depósitos aluviais na Boêmia, na Saxônia, na África do Sul, em Santa Fé e no Ceilão. A almandina púrpura é encontrada em vários xistos de rochas alteradas, ou em cascalheiras destas, como no Ceilão.

As granadas eram pedras ornamentais das mais favoritas nos últimos dias do Império Romano e entre as tribos celtas e anglo-saxônicas. Burton a inclui em seu catálogo de antídotos contra melancolia: "Granatus: pedra preciosa assim denominada por ser parecida com as sementes de romã; um tipo imperfeito de rubi, que vem de Calicute; pendurada ao pescoço ou ingerida como bebida, faz resistir à tristeza e alegra o coração."

Cornalina

A cornalina é uma calcedônia de nuanças avermelhadas, ou uma sílica mais ou menos transparente com coloração, devido ao óxido de ferro. Os lapidadores, entretanto, estendem este nome a todas as variedades semitransparentes de calcedônia, que vão desde o branco-amarelado até o negro-acinzentado, passando pelo amarelo, pelo vermelho e pelo marrom. O tipo transparente vermelho é denominado sárdio, sendo que a cornalina, em si, apresenta-se um tanto fosca. Os melhores espécimes vêm da Arábia, da Índia, da Mesopotâmia, do Suriname e da Sibéria.

Escaravelhos primitivos etruscos e egípcios foram encontrados nestas pedras, e ela também era usada pelos egípcios (que a denominavam Hersed) num grande número de amuletos: o Coração, a Fivela de Ísis, o Olho de Hórus, o Nefer, a Cabeça da Serpente e a Órbita Solar. Na época clássica, costumavam usá-las para a gravação de temas marciais. No Budismo, é uma das sete substâncias preciosas.

Madame Blavatsky nos fornece um interessante relato sobre a cornalina que usava.[1] "O talismã", diz ela, "é uma ágata simples ou cornalina, conhecida entre os tibetanos e entre outros povos como A-Yu, e naturalmente possuía ou foi dotada de propriedades bastante misteriosas. Tem gravado na sua superfície um triângulo, no qual estão inscritas algumas palavras místicas." E ela acrescenta em um rodapé: "Estas histórias são muito veneradas entre os lamaístas e budistas; o trono e o cetro de Buda estão ornamentados com elas, e o Taley Lama usa uma no quarto dedo da mão direita. Elas são encontradas nos montes Altai e perto do Rio Yarkuh. O nosso talismã foi um presente do venerável sumo sacerdote, um Heiloung de uma tribo Kalmuck."

Carbúnculo

Carbúnculo é o nome dado às granadas almandinas quando lapidadas e polidas *en cabochon*, isto é, qual um botão redondo sem facetas. Um pedaço delgado de chapa de metal é colocado por trás delas para enviar luz, produzindo um vivo efeito de cor vermelho ardente.

Existe uma curiosa crença de que o carbúnculo emite luz própria. Indubitavelmente, Fludd tinha essa idéia em mente quando se dirigiu ao Cristo como o "Carbúnculo que pelo Teu esplendor e claridade iluminas a humanidade". Maundeville, na descrição que fez da alcova de Prester John, apresenta os carbúnculos como luminárias adequadamente exóticas: "Todos os pilares desta alcova são de puro ouro, com pedras preciosas, e com muitos carbúnculos, que produzem grande luz à noite para todas as pessoas. E embora o carbúnculo forneça luz suficiente, o tempo todo permanece ardendo um vaso de cristal cheio de

---

1. *Isis Unveiled*, II, p. 599. [*Ísis sem Véu*, publicado pela Ed. Pensamento, São Paulo.]

bálsamo para fornecer bons aromas e odores ao Imperador e expelir todos os ares malévolos e as depravações."

Não é por motivos antinaturais que o *carbunculus,* que literalmente significa "pequeno carvão", foi usado freqüentemente nos olhos de imagens ou esculturas, com a intenção de torná-las aterradoras, como é o caso do Baphomet dos Templários, ou do escudo de sir Thopas nos *Contos de Canterbury:*

> Seu escudo era do mais vermelho ouro,
> E nele havia uma cabeça de javali,
> E um carbúnculo ao lado;
>
> E então ele jurou pelo malte e pelo pão:
> "Os gigantes por terra hão de cair,
> Aconteça o que acontecer!"

O carbúnculo tem boa aparência quando engastado em marfim, mas perdeu a popularidade nos tempos modernos: "Hoje, ninguém mais usa o fabuloso carbúnculo, por ser tão barato — e mesmo as pessoas estimadas e benévolas e os homens bons e inocentes preferem imitações em vidro, num preço quatro vezes mais alto."[2]

Tulita

Composição química: Um ortosilicato básico do grupo epídoto, Ca_2 (Al OH) Al_2 $(SiO_4)_3$
Gravidade específica: 3.25. - 3.37
Dureza: 6 - 6.5
Sistema cristalino: Ortorrômbico

2. C. R. Ashbee, *Art Journal,* 1894.

As tulitas são encontradas em massas granulares; ocorrem no Piemonte, na Itália, e nos granitos de Svuland, na Noruega. São uma variedade rara e frágil de epídoto mineral, cuja cor varia desde nuanças flor-de-pêssego até o vermelho-róseo.

Rodonita

Composição química: MnO. SiO_2
Gravidade específica: 3.4 - 3.6
Dureza: 5.5 - 6.5
Sistema cristalino: Triclínico

Este mineral — um piróxeno triclínico vermelho — deriva seu nome do grego *rhodon,* que significa rosa, mas também é conhecido como espato de manganês e como paisbergita. Suas nuanças são o vermelho-castanho e o vermelho-claro, o vermelho-cárneo, o rosa-pink e o vermelho róseo-escuro. É encontrada em leitos de minério de ferro da Suécia, nos Montes Urais, no Piemonte, na Hungria e no México. Também é encontrado junto de minérios de chumbo e prata em Broken Hill, Nova Gales do Sul.

Às vezes é lapidada e polida para trabalhos ornamentais de incrustação, tendo sido também usada para conferir uma cor violácea ao vidro.

ACRÉSCIMO EXPERIMENTAL

Coral Vermelho

Ainda que, como a pérola, o coral seja um produto do reino animal, ele, indubitavelmente, requer menção como pedra.

Os romanos, bem como os gregos, utilizavam-no para decorar suas armas, em parte devido às suas propriedades talismânicas, e no Oriente sempre foi um material dos favoritos para a confecção de colares. Durante o Renascimento, na Europa, o coral vermelho foi utilizado na ornamentação de vasilhas em igrejas, e mesmo nos tempos modernos camponeses de muitas partes da Europa acreditam ainda que um ramo de coral seja proteção eficaz contra o mau-olhado.

Paracelso, depois de descrever os Phantasmata ou "Conchas", diz que "eles temem os corais vermelhos da mesma maneira que os cães temem o chicote" e recomenda "o uso de corais vermelhos como remédio contra a melancolia". Diz-se que são regidos pelo sol, ao passo que os de cor marrom estão sob a influência da lua. Os vermelhos são desagradáveis não só para os Phantasmata, mas também para os monstros Íncubos, Súcubos e outros espíritos malignos".[3]

---

3. Hartmann, *Paracelsus,* p. 108.

10

Pedras do Sétimo Raio

AMETISTA—PÓRFIRO—VIOLANA
ACRÉSCIMO EXPERIMENTAL: HEMATITA

Ametista

Composição química: SiO_2
Gravidade específica: 2.5 - 2.8
Dureza: 7
Sistema cristalino: Hexagonal

A ametista é idêntica ao cristal de rocha, exceto por sua coloração, que alcança desde o púrpura-pálido até o profundo azul-violáceo. A cor violeta é supostamente devida a traços de manganês ou de ácido férrico. Quando a pedra é lapidada em um grande número de facetas, a profundidade da cor da ametista se intensifica. Ela se torna incrivelmente bela quando engastada num conjunto de prata ou de ouro pálido; sobre o ouro amarelo, adquire um aspecto vulgar. Ametistas de belas cores são encontradas na Índia e espécimes de tonalidades escuras no Brasil. Elas também podem ser encontradas no Ceilão, na Pérsia, nos Estados Unidos, na Espanha, na Sibéria, na Arábia e na Armênia. No Egito Antigo, era conhecida pelo nome de Sef Tahen, e na época clássica era muito usada para entalhes, especialmente em temas ligados às Bacanálias. Existe em uma coleção italiana um fino entalhe que representa a cabeça do deus Pã. Seu nome em hebraico, segundo Aben Esra, provém de sua capacidade de inspirar sonhos e visões ao seu portador. Jaime III da Escócia, deprimido por ver os filhos tomarem armas contra si, passou a usar um anel com um sinete de ametista no qual encontrava-se esculpida uma videira degenerada cercada por ondas feitas de vinho e não de água, com o seguinte lema: *Mea sic mihi prosunt* (Assim são os meus para mim).

O nome desta pedra geralmente é interpretado a partir do grego: *a* (não) e *methystes* (bêbado), que se relaciona com a crença vigente de que esta pedra tinha o poder de preservar seu portador de beber em excesso. Podemos sugerir, entretanto, que esta era uma interpretação popular de um ensinamento ministrado nas Escolas de Mistério. O nome "desintoxicado" refere-se na verdade à qualidade que o Sétimo Raio possui de evocar e transmitir poderosas forças invisíveis sem perder seu autocontrole e equilíbrio.

Pórfiro

Esta rocha de vermelho intenso tornou-se popular durante a época clássica, por aproximar-se em colorido da "púrpura" imperial, que naturalmente não era a púrpura que temos hoje em dia, mas sim um carmesim com um pequeno toque de púrpura. Bustos de imperadores eram esculpidos em pórfiro e a cabeça era posteriormente adicionada em mármore.

O pórfiro típico tem uma linda cor vermelha com cristais oblongos de feldspato branco densamente espalhados. É uma pedra bastante dura, que adquire boa aparência ao ser polida. O pórfiro é encontrado na Bretanha, em Aberdeenshire, na Cornuália e em muitas outras partes do mundo.

Talismãs eram lapidados nesta pedra pelos romanos, e ela também era usada como material de arte pelos gravadores do

Renascimento italiano. Nos tempos modernos, foi utilizada nos sarcófagos de Wellington e de Napoleão. O bloco que foi usado para o túmulo de Wellington foi extraído de um charco na Cornuália, e levou dois anos para ser escavado e preparado. O túmulo em pórfiro de Napoleão foi lapidado a partir de blocos ainda maiores dessa resistente pedra; diz-se que somente a tampa pesa trinta e duas toneladas.

Violana

Composição química: CaMg $(Sio_3)_2$, com manganês
Gravidade específica: 3.2 - 3.3
Dureza: 6
Sistema cristalino: Monoclínico

A violana é uma forma do piroxeno Diópsido; seu nome foi inspirado na cor violeta que possui. É um mineral de lustro seráceo, que geralmente se apresenta em camadas, às vezes fibrosas, e ocasionalmente em cristais prismáticos de um azul violáceo-escuro apenas translúcidos, embora cheguem a ser transparentes em algumas secções mais finas. A principal localidade onde é encontrada é em San Marcello, no vale de Aosta, na Itália, onde ocorre em pequenas jazidas, juntamente com o quartzo e silicatos de rocha denominados braunita.

ACRÉSCIMO EXPERIMENTAL

Hematita

Composição química: Fe_2O_3
Gravidade específica: 4.5 - 5.5
Dureza: 5.5 - 6.5
Sistema cristalino: Hexagonal (trigonal)

Um dos minérios de ferro mais comuns, a hematita possui muitas formas: fibrosa, massiva, terrosa e cristalina. Sua cor varia ligeiramente, conforme o tipo de estrutura, desde o cinza cor-de-aço até o ferro negro brilhante, na sua forma terrosa apresenta cor vermelho-vivo.

Alguns dos selos cilíndricos gravados pelos babilônios são feitos de hematita. Os egípcios, que a denominavam Qo ou Qada, utilizavam-na em um bom número de amuletos importantes: O Utchat, o Travesseiro ou Descanso-da-Cabeça, o Quadrado, o Dique, e os "Dois Dedos" indicador e médio — que Hórus usava para auxiliar seu pai, Osíris, a subir a escada do céu.

Notas

Primeira Ronda e Arquétipos, pág. 24:

É interessante copiar, para comparação, esta passagem do livro de Fludd *Mosaicall Philosophy*, inicialmente publicado em Gouda, em 1638, e traduzido para o inglês em Londres, no ano de 1659. "Pois o que quer que tenha sido originalmente decretado no conselho secreto dos Arquétipos é afetado, convertendo-se em muitas especializações, e cada uma destas especializações em um número infinito de particularidades individuais; de modo que o efeito Angelical ou Demoníaco é a imagem da Idéia externa, e o mundo temporal apresenta-se à semelhança do Demoníaco; além disso, no mundo temporal ou típico, cada forma estelar é a semelhança ou padrão de uma Idéia Angelical; e as coisas Elementares são as sombras das Formas Espirituais ou Imagens Celestes."

Átomos Permanentes, pág. 27:

Victor Hugo, em sua obra *William Shakespeare*, associa, numa curiosa passagem, a alma a um átomo. Toscamente traduzida, ela diz o seguinte: "E por que não grandes almas em meio à humanidade, como gigantescas árvores em uma floresta, como grandes picos sobre o horizonte? Vemos grandes almas da mesma forma que vemos grandes montanhas. Pois bem, então elas existem. Mas aí persiste o questionamento — a ansiosa indagação. De onde vêm elas? O que são? Quem são? Existirão átomos mais divinos que outros? Este pequenino átomo, por exemplo, que será dotado de intenso poder de irradiação aqui embaixo — este que será um Tales, este que será Ésquilo, este que será Platão, este outro que será Ezequiel, este Macabeu, este Apolônio de Tiana, este Tertuliano, este Epíteto, este Marco Aurélio, este Nestório, este Pelágio, este Vasco da Gama, este Copérnico, John Huss, Descartes, Vicente de Paula, Piranesi, Washington, Beethoven. Garibaldi. John Browne — todos esses átomos, almas detentoras de sublimes ofícios entre os homens, terão elas visto outros mundos e trazem sua essência à Terra? Quem envia essas mentes mestras, as inteligências-guias? Quem determina a sua aparência? Quem é o juiz das necessidades reais da humanidade? Quem escolhe as almas? Quem chama os átomos? Quem decreta as partidas e premedita as chegadas?"

Os Sete Sacramentos, os Planetas, Jóias e Raios, pág. 38:

É instrutivo pôr em correspondência os regentes planetários, as jóias e os sacramentos de acordo com o que foi feito por Éliphas Lévi em seu *Dogma e Ritual da Alta Magia* com a lista de jóias de C. W. Leadbeater. Organizando os dados de Éliphas Lévi de modo que os agentes planetários correspondam aos Raios até onde sua influência for adequada, obtemos:

1. Sol	Sacerdócio	Crisólito, rubi
2. Lua	Batismo	Pérola, cristal, selenita
3. Júpiter	Eucaristia	Esmeralda, safira
4. Vênus	Matrimônio	Turquesa, lápis-lazúli, berilo
5. Mercúrio	Confirmação	Ágata
6. Marte	Penitência	Ametista
7. Saturno	Extrema unção	Ônix

Materiais para escultura, pág. 41:

Depois de escrever essas páginas, o autor deparou-se com a obra *"Alguns escultores modernos,"* de Stanley Casson (Oxford and London, 1928) que contém no primeiro capítulo uma notável discussão envolvendo diversos materiais utilizados em escultura. O "Bassalto", diz ele, "pode conferir superfícies particularmente adoráveis, como pode ser observado em qualquer busto de Mestrovic, mas é um meio ingrato".

A alma do Diamante, pág. 45:

Victor Emile Michelet, em seu engenhoso livreto *O Amor e a Magia* (Paris 1909), nos traz uma passagem poética e intuitiva sobre a natureza do diamante: "A alma do diamante é mais impenetrável que os recessos mais obscuros da alma de uma mulher. Como podemos conhecer sua psicologia, quando sua anatomia é um mistério? Newton e Lavoisier desistiram de sua análise. Ele parece uma substância sublime, invisivelmente pura, serenamente elevada. Luz petrificada, fosforescência solidificada, gelo espiritualizado; pois ele é todo frieza em todo o seu esplendor. Nenhuma substância pode arranhá-lo, nenhuma emoção parece ter o poder de nele penetrar. Ele vive na pura intelectualidade, morto a todo sentimento e a toda paixão, como um coração que, tendo mergulhado no Absoluto, torna-se despojado tanto de ternura como de ódio. Indomável, os antigos a conheciam por um nome: Adamas. É também chamado de o Solitário. Isolado na consciência da sua força e orgulho, nenhuma corrente magnética é capaz de penetrar essa substância; ela intercepta todas. Os alquimistas compartilhavam a opinião de que ele, entre todas as pedras, alcançara o ponto mais alto da nobreza e da beleza, da mesma maneira que o ouro o fizera entre os metais e o Sol ente os planetas. Assim, eles incluíram entre seus símbolos o Schamir, o misterioso e único diamante cuja posse abriu a Salomão, Príncipe dos Magos, os portões da totalidade do conhecimento.

O Jade no México Antigo, pág. 65:

Tratava-se, na realidade, de jadeita, que geralmente apresenta mosqueados e nódoas escuras bastante regulares sobre um campo mais claro de um monótono verde azulado. Prescott em *A Conquista do México*, diz: "Depois de um lapso de dez dias, os enviados mexicanos regressaram. Eles ingressaram no setor espanhol com a mesma formalidade da visita anterior, trazendo consigo um presente adicional composto de materiais finos e ornamentos metálicos, que, embora inferiores em valor aos trazidos anteriormente, foram estimados em três mil onças de ouro. Além destes, havia quatro pedras preciosas de tamanho considerável, que lembravam esmeraldas e que eram chamadas pelos nativos de *chauchuitas*, cada uma das quais, conforme asseguraram os espanhóis, valia mais que um carregamento de ouro e eram enviadas como sinal de seu particular respeito pelo monarca espanhol. Infelizmente, elas não valiam tantos carregamentos na Europa." Uma nota de rodapé acrescenta que o uso dessa pedra só era permitido a pessoas de alta linhagem que a usavam amarrada ao pulso por um cordão como insígna de sua nobreza.

Outras obras de interesse:

OS SETE RAIOS
Ernest Wood

RAIOS DE LUZ ESPIRITUAL
Francisco V. Lorenz

A MAGIA DAS PEDRAS PRECIOSAS
Mellie Uyldert

A CURA PELOS CRISTAIS
Katrina Raphaell

AS PROPRIEDADES CURATIVAS DOS CRISTAIS E DAS PEDRAS PRECIOSAS
Katrina Raphaell

O PODER DE CURA DAS PEDRAS PRECIOSAS
Harish Johari

OS TALISMÃS
Jean-Pierre Bayard

REMINISCÊNCIAS DE H. P. BLAVATSKY E DE A DOUTRINA SECRETA
Condessa Constance Wachtmeister e outros

SÍNTESE DA DOUTRINA SECRETA
Helena P. Blavatsky

A DOUTRINA SECRETA – VI Vols.
Helena P. Blavatsky

ÍSIS SEM VÉU – IV Vols.
Helena P. Blavatsky

UM ESTUDO SOBRE A CONSCIÊNCIA
Annie Besant

OS SETE PRINCÍPIOS DO HOMEM
Annie Besant

O PLANO ASTRAL
C. W. Leadbeater

O PLANO MENTAL
C. W. Leadbeater

A CLARIVIDÊNCIA
C. W. Leadbeater

O CORPO ASTRAL
Arthur E. Powell

O CORPO MENTAL
Arthur E. Powell

A CIÊNCIA SECRETA – IV Vols.
Henri Durville

O HOMEM E SEUS SETE TEMPERAMENTOS
Geoffrey Hodson

PROJEÇÃO DO CORPO ASTRAL
Muldoon e *Carrington*